职业教育课程改革创新教材
职业院校市场营销专业系列教材

营销策划实训

YingXiao CeHua ShiXun

主　编　罗绍明
副主编　高凤阁　钟　梅　贾　晋
参　编　徐瑞年　刘　英　李美洲
　　　　钟燕萍　黄慧群

机械工业出版社

本书力求探索一种集讲、学、练于一体的综合性、系统性和可操作性的新型营销策划实训模式，以尽可能满足教师精讲、学生易学、能力本位的职业教育教学需要。

本书采用模块化教材编写模式，全书共 7 章，每章都包括基础知识、技能训练两大模块。其中，基础知识模块主要介绍了各营销项目策划需要运用到的基础理论知识，对其关键知识点辅以相关的、典型的案例进行解释，以增强理论知识的可理解性。技能训练模块主要设计了产品营业推广方案搜索与创作、日化用品人员推销方案搜索与创作、服饰用品公共关系方案搜索与创作、家电产品广告策划方案搜索与创作、医药产品形象策划方案搜索与创作、房地产整合营销方案搜索与创作、信息产品市场调查方案搜索与创作项目；该模块主要介绍了各个具体策划项目的实训要求、操作规程以及参考模板，以方便教师的课堂教学与学生的技能训练，突出实训项目的可操作性和目标性。

本书可作为职业院校市场营销、营销与策划专业及相关专业的教学用书，也可作为企业实施营销策划项目的职业培训教材，还可作为企业营销策划人员及对营销策划有兴趣和爱好的读者的学习、参考用书。

图书在版编目（CIP）数据

营销策划实训/罗绍明主编．—北京：机械工业出版社，2015.3（2022.3 重印）
职业教育课程改革创新教材　职业院校市场营销专业系列教材
ISBN 978-7-111-49748-6

Ⅰ．①营⋯　Ⅱ．①罗⋯　Ⅲ．①营销策划—高等职业教育—教材　Ⅳ．①F713.50

中国版本图书馆 CIP 数据核字（2015）第 057706 号

机械工业出版社（北京市百万庄大街 22 号　邮政编码 100037）
策划编辑：宋　华　　　责任编辑：宋　华　刘　静
版式设计：墨格文慧　　责任校对：马丽婷
封面设计：路恩中　　　责任印制：郜　敏
北京富资园科技发展有限公司印刷
2022 年 3 月第 1 版第 5 次印刷
184mm×260mm・8.5 印张・201 千字
标准书号：ISBN 978-7-111-49748-6
定价：29.80 元

电话服务　　　　　　　网络服务
客服电话：010-88361066　机　工　官　网：www.cmpbook.com
　　　　　010-88379833　机　工　官　博：weibo.com/cmp1952
　　　　　010-68326294　金　书　网：www.golden-book.com
封底无防伪标均为盗版　机工教育服务网：www.cmpedu.com

前 言

本书根据职业教育人才培养目标进行编写，力求探索一种集讲、学、练于一体的综合性、系统性和可操作性的新型营销策划实训模式，以尽可能满足教师精讲、学生易学、能力本位的职业教育教学需要。

本书的主要特点表现为：

1) 本书以项目策划为主线，以培养学生营销策划岗位的实践操作技能为出发点，分行业设计营销策划项目，形成系统的可操作性强的项目教材体系。全书设计了七个项目，包括产品营销策划概述、日化用品营销策划、服饰用品营销策划、家电产品营销策划、医药产品营销策划、房地产营销策划、信息产品营销策划。

2) 本着"实用、适用、够用"的原则，本书采用模块化编写模式，全书分为七章，主要分为两大模块：基础知识模块、技能训练模块。其中，基础知识模块主要介绍了各营销项目策划需要运用到的基础理论知识，对关键知识点辅以相关的、典型的案例进行解释，以增强理论知识的可理解性。技能训练模块主要设计了产品营业推广方案搜索与创作、日化用品人员推销方案搜索与创作、服饰用品公共关系方案搜索与创作、家电产品广告策划方案搜索与创作、医药产品形象策划方案搜索与创作、房地产整合营销方案搜索与创作、信息产品市场调查方案搜索与创作项目；该模块主要介绍了各个具体策划项目的实训要求、操作规程以及参考模板，以方便教师的课堂教学与学生的技能训练，突出实训项目的可操作性和目标性。

本书由汕头市鮀滨职业技术学校罗绍明任主编，白城职业技术学院高凤阁、四川省郫县友爱职业技术学校钟梅、泊头职业学院贾晋任副主编，参编人员有成都工业职业技术学院徐瑞年、四川省双流县华阳职业高级中学刘英、东莞市商业学校李美洲、惠州工程技术学校钟燕萍、惠州商贸旅游高级职业技术学校黄慧群。具体分工为：第1章由罗绍明编写，第7章由高凤阁编写，第3章由钟梅编写，第2章由贾晋编写，第4章由徐瑞年编写，第5章由刘英、李美洲编写，第6章由钟燕萍、黄慧群编写。全书由罗绍明统稿。

本书在编写过程中参阅了大量文献与网站资料，在此对有关资料的编辑和著作者致以诚挚的感谢！

为方便教学，凡选用本书作为教材的教师，均可登录机械工业出版社教材服务网（http://www.cmpedu.com）免费下载电子资源包（包括助教课件及参考答案）。

由于编者水平有限，书中的缺点与不成熟之处在所难免，恳请读者批评指正并提出建议与意见。联系方式：stluoming@163.com。

编 者

目 录

前言

第1章 产品营销策划概述 /1

案例导读 /2
1.1 营销策划基础知识 /3
1.1.1 营销策划的特点及作用 /3
1.1.2 营销策划创意 /5
1.1.3 营销策划流程 /7
1.2 营销策划方案创作与实施 /9
1.2.1 营销策划方案结构 /9
1.2.2 营销策划方案创作 /10
1.2.3 营销策划方案实施 /10
岗位技能训练 /11
实训1 搜索技能训练——产品营业推广方案搜索 /11
实训2 策划技能训练——产品营业推广方案创作 /15

第2章 日化用品营销策划 /19

案例导读 /20
2.1 日化用品基础知识 /20
2.1.1 日化用品的概念及分类 /20
2.1.2 日化行业的基本特征 /22
2.1.3 日化用品的需求特征 /24
2.2 日化用品营销策划知识 /26
2.2.1 日化用品营销的概念 /26
2.2.2 日化用品营销的特征 /27
2.2.3 日化用品营销策划的要求 /28
岗位技能训练 /31
实训1 搜索技能训练——日化用品人员推销方案搜索 /31
实训2 策划技能训练——日化用品人员推销方案创作 /33

第3章 服饰用品营销策划 / 37

案例导读 / 38
3.1 服饰用品基础知识 / 38
3.1.1 服饰用品概述 / 38
3.1.2 服饰用品的特征 / 40
3.1.3 服饰用品的需求特征 / 41
3.2 服饰用品营销策划知识 / 43
3.2.1 服饰市场营销的概念 / 43
3.2.2 服饰用品营销的特征 / 44
3.2.3 服饰用品营销策划的要求 / 45

岗位技能训练 / 47
实训1 搜索技能训练——服饰用品公共关系方案搜索 / 47
实训2 策划技能训练——服饰用品公共关系方案创作 / 51

第4章 家电产品营销策划 / 55

案例导读 / 56
4.1 家电产品基础知识 / 56
4.1.1 家电产品概述 / 56
4.1.2 家电产品的特征及发展趋势 / 59
4.1.3 家电产品需求特征 / 61
4.2 家电产品营销策划知识 / 62
4.2.1 家电产品市场 / 62
4.2.2 家电产品营销的特征 / 64
4.2.3 家电产品营销策划的要求 / 67

岗位技能训练 / 70
实训1 搜索技能训练——家电产品广告策划方案搜索 / 70
实训2 策划技能训练——家电产品广告策划方案创作 / 73

第5章 医药产品营销策划 / 77

案例导读 / 78
5.1 医药产品基础知识 / 78
5.1.1 医药产品的概念和分类 / 78
5.1.2 医药产品的特征 / 81
5.1.3 医药产品需求特征 / 82
5.2 医药产品营销策划知识 / 83
5.2.1 医药产品营销的相关概念 / 83

5.2.2　医药产品营销的特征 / 84
　　5.2.3　医药产品营销策划的要求 / 86
　岗位技能训练 / 90
　　实训 1　搜索技能训练——医药产品形象策划方案搜索 / 90
　　实训 2　策划技能训练——医药产品形象策划方案创作 / 93

第 6 章　房地产营销策划 / 97

　案例导读 / 98
6.1　房地产基础知识 / 98
　　6.1.1　房地产的概念 / 98
　　6.1.2　房地产的特征 / 100
　　6.1.3　房地产需求的特征 / 103
6.2　房地产营销策划知识 / 104
　　6.2.1　房地产营销的概念 / 104
　　6.2.2　房地产营销的特征 / 105
　　6.2.3　房地产营销策划的要求 / 107
　岗位技能训练 / 110
　　实训 1　搜索技能训练——房地产整合营销方案搜索 / 110
　　实训 2　策划技能训练——房地产整合营销方案创作 / 113

第 7 章　信息产品营销策划 / 117

　案例导读 / 118
7.1　信息产品基础知识 / 118
　　7.1.1　信息产品的含义及分类 / 118
　　7.1.2　信息产业的含义及类型 / 119
　　7.1.3　信息产品的特征 / 119
7.2　信息产品营销策划知识 / 120
　　7.2.1　信息产品市场的特征 / 120
　　7.2.2　信息产品营销策划的导向 / 121
　　7.2.3　信息产品营销策划的特点 / 122
　　7.2.4　信息产品营销策划的模式 / 123
　岗位技能训练 / 125
　　实训 1　搜索技能训练——信息产品市场调查方案搜索 / 125
　　实训 2　策划技能训练——信息产品市场调查方案创作 / 127

参考文献 / 130

第1章 产品营销策划概述

目的要求

1. 能叙述和列举营销策划的概念和特点。
2. 能熟记和列举营销策划创意的内涵与技法。
3. 能叙述和列举营销策划的流程。
4. 能熟记和列举营销策划方案的结构。
5. 能叙述和应用营销策划方案创作的要求。
6. 能综合运用本章知识剖析现实案例。
7. 能依据案例背景撰写产品营业推广方案。
8. 能撰写产品营业推广方案技能训练报告。

重点难点

1. 营销策划的特点。
2. 营销策划创意技法。
3. 营销策划方案创作要求。
4. 产品营业推广方案的撰写。

案例导读

中央电视台"春节让爱回家"系列公益广告

再大的风雪也难挡中国人春节回家之路。回家,才能真正享受亲情的温暖;回家,才能彻底体验心灵的回归。家,是中国人的信仰;春节回家,是中国人最虔诚的"朝圣"。为此,中央电视台(简称央视)在2013年春节特别推出《春节回家篇》《关爱老人——爸爸的谎言篇》《关爱老人——妈妈的等待篇》等多支"让爱回家"系列公益广告,向全球华人发出爱的召唤,奉献一场场感人肺腑的情感盛宴——"全中国,让爱回家!"

《春节回家篇》:没有什么能够阻止我们回家的脚步。

广州—贵州,1 500公里,打工者汪正年骑摩托车回家;家,是三年在外对孩子的牵挂。重庆—福建,1 508公里,庞建辉带着新婚妻子坐汽车转火车再坐轮船回家;家,是新媳妇要去握一握婆婆的双手。尼日利亚—牡丹江,国外工作的工程师刘春生转乘8次,35个小时,19 000公里回到东北老家;家,是那碗熟悉的饺子汤。台湾—上海,1 000公里,老人李景春回到阔别63年的家乡;家,是母亲那边不曾依偎的怀抱。

《春节回家篇》系列公益广告由央视携手全球顶级创意公司麦肯光明共同制作,由知名导演何男宏执导,剧组跋涉贵州省石阡、福建省福州、黑龙江省牡丹江等地实景拍摄,在石阡的崎岖山路上辗转盘旋,在福州平潭的海浪中颠簸动荡,在牡丹江将近零下20多摄氏度的严寒中奔波拍摄,以真实而极具震撼力的镜头,将中国人回家的历程演绎成一部部心灵史诗。

《关爱老人——爸爸的谎言篇》:"老爸的谎言,你听得出来吗?"

2013年1月19日起,《关爱老人——爸爸的谎言》在央视多个频道播出。该片讲述了年老的父亲为了不让出门在外的女儿担心,在电话中隐瞒妈妈生病住院、自己独自照顾的真相,广告结尾发人深省地反问"老爸的谎言,你听得出来吗?"呼吁儿女关爱父母,"别爱得太迟,多回家看看"。

广告的影像风格生活化,质感朴实,情感自然,哀而不伤,仿佛在故事里看到你和我的影子。该公益广告由亚太地区顶级广告导演林明操刀执导,由盛世长城国际广告公司策划执行。盛世长城国际广告公司在创意案中这样说:"我们不是对父母不关怀,只是生活中总是有更多更急切的事情需要优先处理;我们会觉得,即使未能常常亲身陪伴,也可以靠其他方式遥距地表达我们的爱,而父母也永远会明白谅解。但是,这样真的就够了吗?父母的话,你真的能听懂吗?"

《关爱老人——妈妈的等待篇》:千古不变的牵挂。

"慈母手中线,游子身上衣。临行密密缝,意恐迟迟归。"这篇《游子吟》我们都再熟悉不过,也许在几岁的时候就已经会背了。公益广告《关爱老人——妈妈的等待篇》便是一首母爱抒情诗,全片以一个连续的长镜头展现了一位母亲陪伴儿子成长的过程。幼儿时的守护,少年时的陪伴,青年时的鼓励,直至儿子长大成人远走高飞,母亲却一直守在家里,痴痴地等待儿子的回归。诗意的画面配以凝练的文字:"爱是什么?爱,是只要你快乐;爱,是陪你走一辈子;爱,是无悔青春流逝。你的高飞,就是我的安慰。爱,是痴痴等待。"

而我们又有多久没回家了?我们一年能回家几次?每次能待多久?在家有多长时间在陪父母?这样计算下来,这辈子我们还有多少时间能够陪父母?

又是何时,我们蓦然发现,父母的背影已不再挺拔,已是满头白发,记忆力越来越差,听力越来越坏……

也许,我们做不到一直陪在父母身边,承欢膝下。但是,我们可以多打打电话陪爸妈聊聊,多回家看看他们,在我们步履匆匆一心向前的时候,时常回头看看,放缓脚步等等他们。

1.1 营销策划基础知识

1.1.1 营销策划的特点及作用

策划是指组织或个人为了提高成功的可能性而对未来活动所进行的谋划。营销策划是指营销策划活动主体根据企业的整体战略,在对企业内部条件与外部环境分析的基础上,设定预期的营销目标并精心构思、设计和组合营销因素,从而高效率地将产品或服务推向目标市场的谋划过程。

1. 营销策划的特点

(1) 目的性。开展营销策划必须明确:最终要获得什么,要解决什么问题,即营销目标。营销策划要规定一定时期内营销的任务、政策和资源预算,它们都要紧紧围绕营销目标来制定。

(2) 预见性。营销策划是为企业的未来营销活动提供依据的,因此,营销策划前应认真做好市场调查与预测,了解和满足未来的需求,预见可能的困难和风险,准备相应的营销对策。

(3) 科学性。营销策划是一门思维的科学,要求定位准确、审时度势、把握主观与客观,辩证地、客观地、发散地、动态地把握各种资源,以保证营销目标的实现。

(4) 程序性。营销策划的进行应该遵循一定的程序,程序是营销策划质量的保障,脱离程序不但会提高营销策划本身的难度,而且会使营销策划的质量大大降低。

(5) 创新性。创新是营销策划的灵魂。只有拥有创意的营销策划才能在如今激烈的市场竞争中脱颖而出,才能取得最终的成功。

案例 1-1 雕牌洗衣粉广告"下岗工人篇"

雕牌洗衣粉广告片描述了一个下岗工人的家庭生活片断:年轻的妈妈下岗了,为找工作而四处奔波。懂事的小女儿心疼妈妈,帮妈妈洗衣服,用天真可爱的童音说出:"妈妈说,'雕牌'洗衣粉只要一点点就能洗好多好多的衣服,可省钱了!"门帘轻动,妈妈无果而回,正想亲吻熟睡中的爱女,看见女儿的留言"妈妈,我能帮你干活了!"妈妈的眼泪不禁滚落眼眶。最后画面出现"只选对的,不买贵的"的广告语并配合洗衣粉包装袋。

对此广告分析如下:

(1) 市场定位:针对城市中档洗衣粉市场。

（2）诉求主题："只选对的，不买贵的"，强调洗衣粉的高品质，低价格。

（3）诉求对象：比较传统、保守，具有奉献精神的家庭主妇。

（4）目标群体写真：她们是勤俭持家的中年家庭主妇，具有奉献精神，热爱家庭，她们洗衣频次高，日常洗衣粉消费多，对价格比较敏感，讲究实惠。

（5）广告风格与调性：亲切感人，贴近人性，怀旧，带些悲情。

（6）诉求方式：感性诉求。

（7）竞争对手：奥妙、奇强、汰渍、碧浪等。

（8）竞争对手分析（以奥妙为例）：奥妙是著名外资企业联合利华旗下的一个产品，它是专门针对中国消费者研制的，去污能力强，其包装设计活泼，大面积红色给人很强的视觉冲击力，其广告多采用功能诉求，通过各种场合，如吃糖葫芦、聚餐等展示其强去污能力。它定位于高端市场，其消费者定位在那些勇于追求自我、具有冒险精神的职业女性，因此，也稍贵一些。

2. 营销策划的作用

（1）营销策划能够提高企业的经营管理水平。营销策划以需求管理为核心，把市场需求作为企业生产经营活动的起点和归宿，以市场营销为龙头改造整个企业经营管理流程，按市场需求配置企业的资源，这无疑促进了整个企业经营管理水平的提高。

（2）营销策划能够促进企业营销资源的高效配置。营销策划以市场需求为中心，通过多学科知识的集合与碰撞，打破传统观念，用创新的思维和系统的观念，把企业既有的和可利用的人才、资金、技术、设备以及信息等资源有效地整合起来，高效配置出企业营销的高效益。

（3）营销策划能够帮助企业降低未来的不确定性。营销策划是建立在对未来科学预测的基础上的，考虑了企业未来可能出现的各种情况，这就使企业管理者能够做到未雨绸缪，对未来有更好的把握，从而降低企业未来的不确定性。

（4）营销策划能够增强企业的市场竞争能力。企业在正确的营销策划的指导下，以市场需求为中心，能够高效率地配置自身的有限资源，更好地满足和创造需求，提高企业的盈利能力，从而增强企业的市场竞争能力。

案例1-2 《阿凡达》——张家界的影视营销

2009年年底，电影《阿凡达》的上映让全球影迷叫好。张家界通过将富有中国味的"乾坤柱"改名为带有西方宗教色彩的"哈利路亚山"，借力《阿凡达》，用影视营销策划拉动了景区的旅游收入。

（1）借势传播景区优势，转移公众注意力。只有将张家界借势营销赚取的关注度转化为景区游客数量的增加，才能称得上是成功的营销，否则就只会流于"炒作"的行列，难以成为经典。针对"哈利路亚山"，张家界景区进行了大量的宣传工作，并结合《阿凡达》带来的关注和争议，迅速进行了大量张家界景区优势的推广，将张家界和《阿凡达》捆绑起来，建立起公众看"阿凡达哈利路亚山"就去张家界景区的认知。

（2）基于认知度的口碑营销，提高游客美誉度。旅游是游客体验感很强烈的一种产品，游客口碑非常重要。在吃、住、行、游、购、娱各方面，将"哈利路亚山"所在的张家界景区的特色和服务通过游客口碑传播出去,树立景区的美誉度,给游客提供更丰富的可借鉴的游玩攻略,无疑会吸引更多游客前往。对此,张家界的游记攻略等口碑传播工作开始大量展开。门户、行业、地方等网站的旅游频道和社区里都能看到关于"哈利路亚山"和张家界的游玩攻略,如何省钱省力玩转"哈利路亚山"等好玩的旅游攻略得到了大量网友的关注。

(3)做好旅游线上渠道,合力推广"阿凡达之旅"。旅游产品的营销也遵循4P①理论。通过一系列对张家界美景的推广,以及大量游客攻略和口碑的传播,"阿凡达之旅"开始让很多游客向往。将"噱头"转化为产品,从传播到销售,张家界顺势展开了和媒体以及旅行社的线路合作推广。"阿凡达之旅""阿凡达——悬浮山神秘之旅"开始出现在各大旅游网站和旅行社的主推线路中。为了创造更好的游客体验感,景区负责人制定了"纳美人"服装,在"哈利路亚山"和游客进行合影留念,为游客口碑奠定了基础。

(4)淡季反超破纪录,《阿凡达》借势营销取得成效。《阿凡达》借势营销提高了张家界景区的知名度,更为张家界带来了大量游客。距离《阿凡达》借势营销开展后仅两周的时间,张家界景区的游客接待数量就实现了淡季反超旺季的奇迹。数据显示,2010年春节黄金周,游客人数同比增长25.87%,旅游门票收入达1 173.7万元,同比增长50.88%,实现了新年旅游的"开门红"。

张家界借势营销所产生的效应并没有随着《阿凡达》电影的落幕而走向衰弱,借势《阿凡达》影视营销带来的效应还在持续拉动着中外游客前往。

1.1.2 营销策划创意

1. 创意的内涵

创意是指在创造性思维活动过程中所创造的独特设想与构思。它是以创造性思维活动为前提与基础,对所谋划的事项提出全新的、独特的设想、构思,又称"点子""高招"。

对于营销策划来说,创意既关键又重要。从某种意义上说,创意是营销策划的灵魂。创意可以为营销策划活动提供新的点子与构想,这些新点子、新构想能为营销策划活动带来活力,使策划活动更加新颖、独特,从而可以提升营销活动对其目标受众的关注度,增强营销活动的有效性。

 案例1-3　白加黑——治疗感冒,黑白分明

1995年,"白加黑"上市仅180天销售额就突破1.6亿元,在拥挤的感冒药市场上占据了15%的份额,登上了行业第二品牌的地位,在中国营销传播史上堪称奇迹。这一现象被称为"白加黑"震撼,在营销界产生了强烈的冲击。

一般而言,在同质化市场中,很难发掘出"独特的销售主张"(USP)。感冒药市场同类药品很多,市场已呈高度同质化状态,而且无论中、西成药都难于做出实质性的突破。康泰克、丽珠、三九等"大腕"凭借着强大的广告攻势,各自占领一块地盘,而盖天力这家实力并不十分雄厚的药厂竟在短短半年里就后来者居上,其关键在于崭新的产品概念。

"白加黑"是个了不起的创意。它看似简单,只是把感冒药分成白片和黑片,并把感冒药

---

① 即产品(Product)、价格(Price)、渠道(Place)和促销(Promotion)。

中的镇静剂"氯苯那敏"放在黑片中；实则不简单，它不仅在品牌的外观上与竞争品牌形成很大的差别，更重要的是它与消费者的生活形态相符合，达到了引发联想的强烈传播效果。

在广告公司的协助下，"白加黑"确定了干脆简练的广告口号"治疗感冒，黑白分明"，所有的广告传播的核心信息是"白天服白片，不瞌睡；晚上服黑片，睡得香"。产品名称和广告信息都在清晰地传达产品概念。

2．创意的技法

创意是一种创造性思维活动。创造性思维是指有创见的思维，即通过思维不仅能揭示事物的本质，还能在此基础上提出新的、有建树的设想和意见。创造性思维与一般性思维相比，其特点是思维方向的求异性、思维结构的灵活性、思维进程的飞跃性、思维效果的整体性、思维表达的新颖性等。

创造性思维的方法包括：

（1）抽象思维，也称逻辑思维，是指在反映事物共同属性和本质属性的基础上进行判断、推理，以反映现实的一种思维方式。

（2）形象思维，是指用直观形象和表象来描述现象或解决问题的一种思维方式。

（3）扩散思维，是指为解决某一问题而最大限度地放开思路，从多视点、多角度、多途径寻求解决方法的一种思维方式。

案例1-4　一根电缆值多少钱

很多年前，美国穿越大西洋底的一根电报电缆因破损需要更换，这则消息平静地传播在人们之间。但是一位不起眼的珠宝店老板却没有等闲视之，毅然买下了这根报废的电缆。

没有人知道老板的企图，他一定是疯了，异样的目光惊诧地围绕着他。他呢？关起店门，将那根电缆洗净，弄直，剪成一小段一小段的金属段，装饰起来，作为纪念物出售。大西洋底下的电缆纪念物，还有比这更有价值的纪念品吗？

（4）收敛思维，是指利用已有的知识与经验，将众多信息、经验进行分析、整理和综合，以便最终实现最优化和系统化的一种思维方式。

（5）逆向思维，是指改变原有的思维方向，倒过来向相反方向进行思维的一种方式。

（6）分合思维，是指把思考对象在思想中加以分解或合并，从而获得一种新的思维产物的思维方式。

（7）联想思维，是指借助事物之间的某种共性而将它们联系起来，产生新的思维的一种方式。

（8）求异思维，是指打破常规，突破思维定式，改变现状，求新寻异，以创造出全新的构想或事物的一种思维方式。

案例1-5　玫琳凯化妆品公司的小组展示推销方式

玫琳凯化妆品公司在人员推销策略上进行创新。玫琳凯认为传统的挨家挨户推销方式已经过时，为此她创造了一种小组展示的推销方式。她把自己的推销员称为"美容顾问"，采用小组展示的方式推销产品。这个展示小组被称为"玫琳凯美容会",每次邀请五六位顾客,美容顾问现场指导女士如何进行保养皮肤,从而突破了传统的挨家挨户推销方式,大获成功。

(9) 灵感思维,是指凭借直觉进行的快速、顿悟性的一种思维方式,它是外部的偶然机遇和内部的显意识与潜意识交互作用、逻辑性与非逻辑性相统一的理性思维方式。

(10) 类比思维,是指通过对两种或两种以上的客体进行比较、认知与推理而获得创造性构想的一种思维方式。

3．创意的评估

(1) 新奇性。新奇性是衡量创意方案好坏的一个重要标准。好的创意总是能巧出奇招,引人入胜,引发人们无限的兴趣和遐想。

(2) 独特性。独特性表现为创意方案的差异性,它要求创意方案要有自己的特色,要能表现出与众不同的特征和差别化。

(3) 可行性。方案是否切实可行,能否得到实施,是创意方案评估的一个重要标准。如果方案过于理想化,缺乏可行性,那么即使它再新奇、再独特,也是不可取的。

案例1-6　1:1:1,金龙鱼比出新天地

在中国,嘉里粮油(隶属马来西亚华裔创办的郭氏兄弟集团香港分公司)旗下的"金龙鱼"食用油,10多年来一直以绝对优势稳居小包装食用油行业第一品牌地位。

调和油这种产品是"金龙鱼"创造出来的。当初,"金龙鱼"在引进国外已经很普及的色拉油时,发现虽然有市场,但不完全被国人接受。原因是色拉油虽然精炼程度很高,但没有太多的油香,不符合中国人的饮食习惯。后来,"金龙鱼"研制出将花生油、菜籽油与色拉油混合的产品,使色拉油的纯净卫生与中国人的需求相结合,通过产品创新终于赢得了中国市场。

为了将"金龙鱼"打造成为强势品牌,"金龙鱼"在品牌方面不断创新,由最初的"温暖亲情、金龙鱼大家庭"提升为"健康生活金龙鱼",然而,在多年的营销传播中,这些"模糊"的品牌概念除了让消费者记住了"金龙鱼"这个品牌名称外,并没有引发更多的联想,而且,大家似乎还没有清楚地认识到调和油到底是什么,有什么好。

2002年,"金龙鱼"又一次跳跃龙门,获得了新的突破,关键在于其新的营销传播概念"1:1:1"。看似简单的"1:1:1"概念,配合"1:1:1最佳营养配方"的理性诉求,既形象地传达出金龙鱼由三种油调和而成的特点,又让消费者认为只有"1:1:1"的"金龙鱼"才是最好的食用油。

金龙鱼直到2002年才让中国的消费者真正认识了调和油,关键还是在于找到了一个简单的营销传播概念。

1.1.3　营销策划流程

1．营销环境分析

营销环境分析是指企业营销策划人员通过对企业的外部环境和内部条件进行调查和分析,确定外部市场机会和威胁以及企业自身的优势和劣势,进而明确企业目前所处市场位置的一种方法。

企业营销环境分析通常采用 SWOT 分析法。SWOT 分析法是通过对企业内部环境中的优势（Strengths）与弱势（Weaknesses）、企业外部环境中的机会（Opportunities）与威胁（Threats）的分析，来扬企业之长，避企业之短，寻找最佳营销决策方案的方法。

其中，营销机会是指对企业营销活动富有吸引力的领域，在这些领域，企业拥有竞争优势。环境威胁是指环境中不利于企业营销的因素，对企业形成挑战，对企业的市场地位构成威胁。相对优势是指企业在营销过程中相对于对手更加有利的条件，表现为技术、成本、产品差别化等方面的优势。相对劣势是指企业在营销过程中相对于对手更加不利的条件，表现为产品、成本、价格、促销、渠道等方面的劣势。

2．营销目标设定

营销目标是指企业营销策划所要实现的期望值，如一年内企业某一产品的市场份额应达到 10%。设定营销目标是营销策划整个流程的关键环节。营销目标设定必须明确，否则策划对象就会很模糊，不易产生策划构想。营销目标的设定应该遵循 SMART 原则，即具体性（Specific）、可衡量性（Measurable）、可操作性（Available）、现实性（Realistic）、时限性（Timed）。

3．营销战略制定

营销战略是指企业为实现自己的总目标和任务所制定的长期性、全局性的营销规划。每个企业都要依据自己的目标、资源和环境，先确定自己在市场上的竞争地位，然后根据企业的市场定位来制定合适的营销战略。一般来说，企业有三种可供选择的营销战略：成本领先战略、差异化战略、集中战略。

成本领先战略是指在一定的质量条件下，通过采用一系列以成本为中心的经营管理活动，努力降低产品生产与分销成本，使本企业的产品价格低于竞争对手的营销战略。差异化战略是指将企业提供的产品或服务差异化，形成一些在全产业范围内具有自身独特性的东西，以满足各个细分市场目标顾客的差异性需要。集中战略是指把企业所有的资源和能力集中在一个或少数几个较小的细分市场上，以满足一定顾客的特殊需要，从而建立局部的竞争优势。

4．营销战术策划

营销战术策划是指企业根据营销战略而制定的一系列更为具体的营销手段。营销战术策划是营销战略策划由宏观层面向微观层面的延伸，它是在营销战略的总体指导框架内，对各种各样的营销手段进行综合考虑和整体优化，其具体内容包括产品策划、价格策划、渠道策划、促销策划、品牌策划等。

5．形成营销策划方案

营销策划方案是指企业在对内外部环境予以准确分析的基础上，对一定时期内企业某项营销活动的行为、方针、目标、战略以及实施方案与具体措施所做的全盘规划设计。营销策划方案是整个营销策划内容的书面载体，它一方面是营销策划活动的主要成果，另一方面也是企业进行营销活动的书面行动计划。

6．营销策划实施

营销策划实施是指营销策划方案实施过程中的组织、指挥、控制和协调活动，是把营销策划方案转化为具体营销行动的过程。营销策划的关键在于实施，实施的成功与否直接影响到策划活动的效果以及策划目标的实现。因此，企业必须根据营销策划方案的要求，分配好企业的各种资源，处理好企业内外的各种关系，加强领导，提高执行力，努力把营销策划方案的内容落到实处。

7. 营销策划评估与修正

营销策划评估是指将营销策划方案的预期目标与方案实施中的实际目标加以比较，通过比较对营销策划实施的效果进行评价。营销策划修正是指当发现营销策划的实施效果不理想时，对造成不利影响的因素加以修正，以便营销活动能够实现策划方案所规定的预期目标。营销策划的评估与修正，不仅可以保证本次营销活动的实施效果，而且可以反馈到下一次营销策划中，以不断提高企业的营销策划水平。

知识拓展 1-1　营销策划人员的素质要求

（1）营销策划人员需要具备丰富的知识和技能，包括经济学、统计学、心理学、社会学、营销学、广告学、法律法规等。

（2）营销策划人员必须有丰富的阅历和营销经验，对企业在营销各个环节出现的问题能做出准确的判断。

（3）营销策划人员要有敏锐的洞察能力，能把握市场上存在的各种机会，规避市场上存在的风险。

（4）营销策划人员要有系统思维能力，能用综合的知识去解决复杂的问题。

（5）营销策划人员要有科学严谨与创新的精神，能崇尚科学，勇于创新，重视论证，追求策划方案的科学性、严密性和高效性。

1.2　营销策划方案创作与实施

1.2.1　营销策划方案结构

营销策划方案没有固定的格式，一个完整的营销策划方案通常包括封面、目录、内容概要、背景分析、营销环境分析、营销目标制定、营销策略制定、营销方案制定、营销预算制定、营销方案控制等内容。

（1）封面。营销策划方案的封面通常包括策划方案的名称、被策划的客户、策划机构或策划人的名称、策划完成日期及本策划适用时间段等内容。

（2）目录。对于内容较多的营销策划方案通常用目录形式列出策划方案的主要部分，包括章节名称以及各部分的起始页码。

（3）内容概要。内容概要主要是对市场营销目标和有关建议做简短的概述。

（4）背景分析。背景分析主要是指对该产品当前的营销状况进行简要而明确的分析，包括市场形势、产品情况、竞争形势、分销情况等。

（5）营销环境分析。营销环境分析主要是指对影响企业市场营销的各种环境因素进行的分析。通过外部环境分析，发现企业的营销机会和威胁；通过内部环境分析明确企业的相对优势与劣势。

（6）营销目标制定。营销目标制定是营销策划方案的核心内容。营销目标通常包括市场占有率、销售额、利润率、投资收益率等。

（7）营销策略制定。营销策略是指为实现企业营销目标所采取的具体措施与手段，包括目标市场选择、市场定位决策、市场营销组合策略等。

（8）营销方案制定。营销方案是把营销策略转化为具体的可以直接用于实施的行动方案，包括要做些什么、何时开始、何时完成、由谁负责、需要多少成本等。

（9）营销预算制定。营销预算是对营销活动各项目进行盈利或亏损的预测，形成以货币为主要计量单位，以表格形式表现的展示企业各种营销资源配置情况的费用收支计划。

（10）营销方案控制。营销方案控制是指对营销方案的执行进行反馈和控制，用以监督营销方案的实施过程。

1.2.2　营销策划方案创作

要想创作出一份出色的营销策划方案，仅仅掌握其书写结构是不够的。细节决定成败，只有在策划方案创作过程中注意一些细节性问题，才能使策划方案创作得更具有实效性。营销策划方案创作的要求一般体现在以下几个方面：

1．结构完整，层次清晰

营销策划方案应按照营销活动目标，通过设立标题、副标题、小标题并且标明项目的等级符号逐步展开，前后衔接，环环相扣，使策划方案结构完整，层次清晰，增强营销策划方案的可读性和可理解性。

2．主线明确，战略统领

营销策划方案应该有个明确的主线（即策划目标），方案的创作应紧紧围绕这个主线，以营销战略为统领，有效地整合 4P 策略，以达到策划的效果。例如，企业欲将一新产品打入市场，在产品导入期主要以扩大产品的知名度为主要目标，那么整个营销策划内容要以此为中心，定价目标以最大的市场占有率为出发点，采用成本加成的定价方法更为可取，同时选择广告为主要的促销方式，并辅之以营业推广、人员推销，以使产品信息以最快的速度传递到消费者。

3．图表丰富，分析透彻

营销策划方案应力求简明扼要，分析透彻。图形、表格作为描述性工具，以其直观、形象美观和富有吸引力的特点广泛应用于营销策划方案中。在运用图表时还需要辅以必要的分析说明，分析得深入透彻，将能有效地提高策划方案的可信度。

1.2.3　营销策划方案实施

对整个营销策划活动来说，策划方案的实施是最为关键的一环。策划方案实施一般应做好以下工作：

1．落实好执行组织与人员

落实策划方案的执行组织和人员，是进行营销策划实施准备工作的首要任务。首先要根据策划方案明确承担执行策划方案的机构,组编调配各层级组织并设立相应的领导班子。其次要划定每个职位的职责、权限以及与其相邻组织间的关系,明确每个执行组织和个人的分工和责任,使每个执行者能够各司其职、各负其责。最后要制定相应的规章制度,并交代注意事项等。

2. 做好具体实施人员的培训

策划方案的实施最终要由具体实施人员来执行,实施人员的素质、能力以及对方案的理解程度,都是决定实施工作能否顺利进行的重要条件和因素。因此,在正式实施之前,做好相关人员的培训就显得十分重要,也十分必要。一般情况下,对具体实施人员培训的内容主要应包括策划的意图、策划的目标、实施的内容、实施的步骤以及实施的要领和注意事项等。

3. 做好策划实施的思想动员与各部门的协调

思想动员主要是通过对策划方案广泛而深刻地宣传和讲解,为策划活动的实施争取更多人的理解、支持与协作。积极进行思想动员,一方面能有效调动实施人员的工作热情,另一方面能通过统一思想,为策划的实施创造出更为强大的推进力量。

策划方案的实施虽然由策划部门和操作部门来完成,但也需要其他相关部门的理解、支持和配合。因此,做好各部门间的沟通协作非常重要。这就需要企业或组织的领导出面,对各个相关部门提出具体要求或进行协调,以避免不协调的现象在实施过程中出现,保证策划方案的顺利实施。

4. 做好策划实施的监督与控制

营销策划方案在实施过程中,必须要对其实际支出和工作进度进行有效监督和控制,及时掌握策划方案的实施情况和实施效果,对策划实施过程中出现的偏差和遇到的问题做到及时发现和解决。

5. 做好策划方案实施效果的评估

营销策划的评估主要是指在策划实施结束后对策划方案的实施情况以及实施效果进行评定和分析。评估是对策划工作进行评定和总结的过程,也是对策划活动进行反思、总结经验和教训的过程。正是有了评估,策划人员才能不断积累策划经验,提高策划水平,有效实施营销策划。

岗位技能训练

实训1 搜索技能训练——产品营业推广方案搜索

【实训目的】

(1) 能搜索到一份完整的营业推广活动方案。
(2) 能清晰表达出该营业推广活动方案的内容。
(3) 能总结归纳出该营业推广活动方案的特点。
(4) 能简要说出选择该营业推广活动方案的理由。

【实训指导】

(1) 布置任务:将学生按每 6~8 人一组划分成若干个任务小组,每个小组成员搜寻一份营业推广活动方案。

（2）搜索选择：各小组成员总结归纳自己所搜寻到营业推广活动方案的特点，列明选择该营业推广活动方案的理由，之后形成营业推广活动方案实训报告。

（3）课堂陈述：各任务小组成员上交营业推广活动方案实训报告，由指导老师从每组中选择一份具有代表性的营业推广活动方案实训报告，并邀请其代表小组上台陈述。

（4）评价效果：各小组代表陈述后，指导老师点评该次营业推广活动方案实训的情况，并由全班同学无记名投票，评选出该次实训的获奖小组，给予表扬与奖励。

【实训模板】

教育超市营业推广活动策划方案

一、活动背景

1. ××商业职业技术学院新生开学。
2. 新生开学，对生活用品有大量的购买需求。
3. 老生在新学期伊始对生活用品的购买需求也大量增加。

二、活动主题：开学七天乐

开学之际，为优惠新生，回馈老生，江苏省教育超市××商业职业技术学院店举办"开学七天乐"一系列超市购物优惠活动。

三、活动目的

1. 加强教育超市在新生当中的宣传，树立教育超市在新生中的知名度和形象。
2. 提升教育超市在老生心目中的知名度和形象。
3. 增加教育超市生活用品的销售量。

四、活动对象

1. 主要目标群：大一新生。
2. 潜在目标群：大二、大三老生。

五、活动时间与地点

1. 活动时间：2014年9月新生开学第一周（新生报到日为9月15日）。
2. 活动地点：江苏省教育超市××商业职业技术学院店。

六、活动组织形式

1. 主办单位：教育超市。
2. 协办单位：经销商。

七、活动内容

（一）"天上掉馅饼"——免单优惠

1. 免单商品：教育超市内指定的各类凉席、水壶、衣架、夹子。
2. 活动规则：活动结束第二天，由教育超市负责人抽取活动日前三天中任一天的某个营业时段作为免单优惠时段。凡在此时段内购买教育超市上述免单商品的顾客，均可凭购物小票享受免单优惠。

（1）免单时段：活动日前三天（9月15～17日）中任一天的某个营业时段，时长为30分钟。

（2）免单公布时间：活动结束后第二天（9月22日）。

（3）免单公布地点：教育超市外宣传栏。

3. 返费时间：活动结束后 3 个工作日内（9 月 22～24 日），每日 11:00～16:00，过期不予返费。

4. 返费地点：教育超市专设柜台。

（二）"1+1<2" —— 套装优惠

1. 套装组合（见表 1-1）

表 1-1 套装组合

套 装 组 合	原价/元	现价/元
脸盆+澡篮	24.00	21.60
茶杯+洗漱杯	21.00	18.90
抽纸+面纸	24.40	21.96
抽纸+卷纸	36.00	32.40
镜子+梳子	11.00	9.90
饭盒+勺子	22.70	20.43
防晒霜+面膜	110.00	99.00

2. 活动规则：活动期间，凡购买以上组合套装，均享受 9 折优惠。

（三）"唯它抵用" —— 现金抵用券

1. 指定商品（见表 1-2）

表 1-2 指定商品

商品名称		品 牌	商品规格/品类	单价/元
洗发类	洗发水	力士	400 毫升	32.50
	润发乳	欧莱雅	400 毫升	32.50
洁面类	男士洁面乳	妮维雅	100 克深层保湿	31.00
	女士洁面乳	妮维雅	100 克暂白轻柔磨砂	31.50
沐浴类	沐浴乳	强生	100 克天然嫩白	25.00
	沐浴露	强生	300 毫升洗发沐浴露	22.50
洗衣类	洗衣粉	超能	748 克	15.50
	洗衣液	金纺	1 升	16.50

2. 活动规则：活动期间，凡在本店购买上述指定品牌、指定规格的任一款商品，均可获得对应商品现金抵用券一张，再次在本店购买同品类商品时，则可凭此券抵用现金，抵用现金额见表 1-3。

表 1-3 抵用金额

抵用类别	抵用金额/元
洗发类	8.00
洁面类	7.00
沐浴类	5.00
洗衣类	3.00

3. 抵用时间：活动结束后一个月内（9月22日～10月22日），过期不予抵用。说明：抵用券复印无效；抵用券只可抵用指定品牌、规格的商品。

（四）"积分好礼送不停"——积分优惠

1. 活动规则：活动期间，凡一次性消费（免单商品、套装优惠商品、现金抵用商品除外，多张小票不累计）满30元，凭单张收银小票可获积分券1张（抵人民币1元），满60元，可获积分券2张，以此类推。顾客可凭积分券兑换指定商品，或购买本店任何商品。

2. 兑换时间：活动结束后一个月内（9月22日～10月22日），过期不予兑换及使用。说明：礼品有限，兑换完为止；积分券复印无效。

（五）"积分升级"——优惠多多

1. 活动规则：活动结束后，凡在本店购买"康师傅"旗下产品一次性累计达到15元，可凭一张积分券抵用现金3元，满30元，抵用现金6元，以此类推。

2. 活动时间：活动结束后一个月内（9月22日～10月22日），过期不予兑换及使用。说明：积分券复印无效。

八、活动前期准备

1. 活动宣传

为使活动形成较大声势，活动应运用多种传播手段（宣传单、海报、LED[一]、POP[二]、校园网），整合传播，详见表1-4。

表1-4 传播手段

发布时间	发布媒介	发布次数	备 注
9月15～16日	宣传单	视情况而定	主要在迎接新生的校车及新生报到处发放
9月15～21日	海报	活动期间张贴	张贴于教育超市，第一、第二食堂
9月15～21日	LED	每天多次循环播放	
9月15～21日	POP	店内宣传	
9月15～21日	校园网	活动期间发布	

2. 各部门分工

（1）采购部：相关采购加大力度和供应商沟通，保证商品的充足供应。各厂家必须做到相应配合，以低价促销和提供大批量免单商品。

（2）企划部：负责宣传单、海报、LED、POP、网页信息、积分券、抵用券的设计制作及跟进。

（3）营运部：根据店内各部门相关业务沟通建议提报免单商品、套装优惠商品等相关商品，组织相关商品拍照、相关商品堆垛陈列的合理规划、相关商品的到货跟踪；负责返费发放和登记，积分礼品兑换和登记，背景音乐准备（动感）。

（4）防损部：负责店内的秩序、活动期间人身和设备安全。

（5）工程部：做好活动的电源和音响设备保障工作。

[一] 发光二极管，这里是指采用LED显示屏进行宣传。
[二] Point of Purchase，即卖点广告。

九、活动预算（见表1-5）

表1-5 活动预算

项 目	数 量	单价/元	金额/元
宣传单	2000	0.08	160.00
海报	3	30.00	90.00
POP	10	1.00	10.00
积分券	2000	0.10	200.00
抵用券	1000	0.10	100.00
积分礼品	100	—	85.50
合计	—	—	645.50

十、活动效果预估

1. 入店消费者人数预计增加50%。
2. 销售额预计增加20%。
3. 短期聚集人气，使超市在新老顾客中树立良好形象，增强亲和力。

实训2 策划技能训练——产品营业推广方案创作

【实训背景】

为了切实扩大佳美超市的知名度和良好形象，有效地提高佳美超市夏季商品的销售量和扩大超市的固定消费群体，佳美超市有限公司拟在"6月30日～7月3日""7月12～16日""7月20～24日"三个时间段，分别开展主题为"冰爽夏日，激情回馈""真情互动，实惠罕见""购物风光无限，天天特价不断"的营业推广活动。营业推广活动以折价优待策略为主，辅以连带组合、会员优惠券和有奖销售策略。

试根据以上背景资料，为佳美超市制定一份创意鲜明的营业推广活动策划方案。

【实训要求】

（1）能认识并实现组织分工与团队合作。
（2）能撰写出符合格式要求的营业推广活动方案。
（3）能整理总结出营业推广活动方案策划课题分析报告。
（4）能清晰地口头表达出营业推广活动方案策划实训心得。

【实训指导】

（1）组建实训课题小组：将学生按每组6～8人的标准划分成若干课题小组，每个小组指定或推选出一名小组长。
（2）确定实训小组课题：每个小组根据营业推广活动方案策划背景资料的要求，完成一份营业推广活动方案的策划。
（3）实施策划课题研究：各小组长根据营业推广活动方案，调配资源，明确各组员的任务，并督促大家有效地完成任务，包括营业推广活动方案的草拟、修改和定稿，营业推广活动方案策划课题分析报告的撰写、打印，以及小组发言等。
（4）撰写实训课题报告：每个小组完成一份营业推广活动方案策划的课题分析报告。

（5）陈述策划实训心得：由各个小组推荐的发言人或小组长代表本小组陈述实训课题分析报告和实训心得。

 **知识训练**

一、判断题

1. 对整个营销策划活动来说，营销战略制定是最为关键的一环。（　）
2. 从某种意义上说，创意是营销策划的灵魂。（　）
3. 策划方案的实施是营销策划部门与具体实施部门的事，其他部门没有必要与其配合和协作。（　）
4. 在正式实施营销策划方案之前，对相关人员进行培训十分重要，也十分必要。（　）
5. 营销策划方案应力求简明扼要，分析透彻，适当利用图形、表格直观形象地进行描述。（　）
6. 只要营销方案策划得很完善，且实施人员能够认真执行，在实施过程中就可以不需要进行监督与控制。（　）

二、选择题

1. 在对企业营销活动富有吸引力的领域，企业拥有竞争优势，这些领域对企业来说称为（　）。
   A. 营销机会　　　　　　　　B. 环境威胁
   C. 相对优势　　　　　　　　D. 相对劣势
2. 改变原有的思维方向，倒过来向相反方向进行思维的一种方式是（　）。
   A. 抽象思维　　　　　　　　B. 形象思维
   C. 扩散思维　　　　　　　　D. 逆向思维
3. 打破常规，突破思维定式，改变现状，求新寻异，以创造出全新的构想或事物的一种思维方式是（　）。
   A. 联想思维　　　　　　　　B. 求异思维
   C. 灵感思维　　　　　　　　D. 分合思维
4. 企业为实现自己的总目标和任务所制定的长期性、全局性的营销规划是（　）。
   A. 营销战术　　　　　　　　B. 营销环境
   C. 营销战略　　　　　　　　D. 营销策划
5. 要求创意方案有自己的特色，能表现出与众不同的特征和差别化，这体现的是创意的（　）。
   A. 经济性　　　　　　　　　B. 新奇性
   C. 独特性　　　　　　　　　D. 可行性
6. 营销策划是为企业的未来营销活动提供依据的，这说明营销策划应具有（　）。
   A. 预见性　　　　　　　　　B. 科学性
   C. 目的性　　　　　　　　　D. 创新性

三、案例题

1. 麦当劳另类促销案例分析

2010年2月,麦当劳公司公关部人士称,受激烈竞争影响,该公司已经开始在中国的连锁店接受其他快餐连锁店发放的优惠券,并且下调某些产品的价格。

麦当劳中国公司高级公共关系经理任媛称,这是该快餐巨头1990年进入中国以来首次进行这种促销。在始于2月24日截至3月23日的此次促销活动中,消费者在麦当劳的餐厅出示肯德基和汉堡王等其他任何快餐店的优惠券购买炸鸡翅,都将获得10%的优惠。

分析:

(1) 麦当劳开展了怎样的另类促销活动?

(2) 另类促销是怎样的一种创新性思维?

2. 采乐去屑,挖掘药品新卖点案例分析

在漫漫10年的时间里,以营养、柔顺、去屑为代表的宝洁三剑客潘婷、飘柔、海飞丝几乎垄断了中国洗发水市场的大部分份额。想在洗发水领域有所发展的企业无不被这"三座大山"压得喘不过气来,无不生存在宝洁的阴影里。后来的"舒蕾""风影""夏士莲""力士""花香"等更让诸多的洗发水品牌难以突破。采乐"出山"之际,国内去屑洗发水市场已相当成熟,从产品的诉求点看,似乎已无缝隙可钻。而西安杨森生产的"采乐"去头屑特效药,上市之初便顺利切入市场,销售量节节上升,一枝独秀。

采乐的突破口便是治病。它的成功主要来自于产品创意,把洗发水当药来卖,同时,别出心裁的营销渠道"各大药店有售"也是功不可没。

去头屑特效药在药品行业里找不到强大的竞争对手,在洗发水领域里更如入无人之境!采乐找到了一个极好的市场空白地带,并以独特的产品品质成功地占领了市场。

"头屑是由头皮上的真菌过度繁殖引起的,清除头屑应杀灭真菌;普通洗发只能洗掉头发上的头屑,我们的方法是杀灭头发上的真菌,使用8次,针对根本。"以上独特的产品功能性诉求,有力地抓住了目标消费者的心理需求,使消费者要解决头屑根本时,忘记了去屑洗发水,想起了采乐。

分析:

(1) 西安杨森是如何成功策划采乐洗发水的?

(2) 采乐洗发水的成功策划对我们有什么启示?

第 2 章　日化用品营销策划

目的要求

1. 能叙述和列举日化用品的概念和类型。
2. 能熟读和列举日化用品行业的特征。
3. 能熟读和列举日化用品需求的特征。
4. 能熟读和列举日化用品营销的特征。
5. 能熟读和应用日化用品营销策划的要求。
6. 能综合运用本章知识剖析现实案例。
7. 能依据案例背景撰写日化用品人员推销方案。
8. 能撰写日化用品人员推销方案技能训练报告。

重点难点

1. 日化行业的特征。
2. 日化用品营销的特征。
3. 日化用品营销策划要求。
4. 日化用品人员推销方案撰写。

案例导读

中药公司扎堆抢食功能性日化用品

近几年,中药企业开发功能性日化用品的现象逐渐增多。就牙膏这一日用品来说,云南白药牙膏以惊人的速度抢占市场,成为功效牙膏第一品牌,位列行业第五。资料显示,云南白药牙膏2012年含税收入为20亿元,占牙膏市场比重为11%。

世界口腔清洁用品市场进入成熟期,市场细分程度高,品牌忠诚度起主要作用,价格竞争十分激烈。从需求看,产品市场进一步细化,新品大量涌现,广泛为市场所接受的是特殊感觉并具有多种功能的产品。

功能性恰恰是中药公司进军日化用品的"法宝"。片仔癀牙膏具有清火解毒、消肿止痛、抗菌消炎等独特疗效。云南白药推出的朗健是针对吸烟人群开发的牙膏,除了具有云南白药牙膏的特点外,还有消炎、促进口腔愈合、清除烟渍的作用。

牙膏市场每年销量增长虽然只有大约2%~4%,但市场增长率为7%~8%,增长主要依靠消费升级、单价提升,高端牙膏的增速快于行业。目前,牙膏营销瞄准口腔护理的功能诉求,与中药公司将有较好的结合。可以预见的是,牙膏只是中药公司实现大健康战略的起步。目前,云南白药陆续推出的养元青洗发水、千草堂沐浴露和面膜等其他日化产品的销售规模正在逐步做大。

2.1 日化用品基础知识

2.1.1 日化用品的概念及分类

1. 日化用品的概念

日化用品是指人们日常生活中使用的各种日用化学制品,包括洗发水、沐浴露、化妆品、洗衣粉等。日化用品不仅是人们必备的生活用品,而且关系到个人形象。随着经济飞速发展,居民收入日益增加,其受关注的程度大幅度提高,加之其需求量之大,消费者之广泛,让各商家趋之若鹜。

2. 日化用品的分类

日化用品按照使用频率和范围划分为生活必需品(或称日常生活用品)和奢侈品;按照用途划分为洗漱用品、家居用品、厨卫用品、装饰用品、化妆用品等。

日化用品具体还可细分为以下几种:

(1)衣物洗涤剂。衣物洗涤剂根据需要可以制成粉状、液状和块状等形式。粉状衣物洗涤剂即合成洗衣粉,液状衣物洗涤剂即洗衣液,块状衣物洗涤剂即肥皂、香皂。洗衣液对人体皮肤无伤害,而且去污、护色能力非常强。虽然我国洗衣液产品的起步比较晚,但是随着我国经济的不断发展,人们收入的不断提高,洗衣液将越来越备受广大消费者的青睐及认可,其市场需求量将越来越大,将占据洗涤剂行业的主导地位。

（2）个人卫生清洁剂。个人卫生清洁剂包括洗发用的洗发剂、沐浴用的各式溶剂、口腔清洁剂以及洗手、洗脸用的清洁品。随着生活水平的提高，人们对个人卫生清洁剂的要求也越来越高，不仅要求具有清洁作用，还要有保护皮肤、保护头发和防止皮肤病等功效。为此，个人卫生清洁剂的种类以及品种日渐增多。

（3）家庭日用清洁剂。现代化的设施和摆设由玻璃、瓷砖、木材、塑料和金属等不同材质构成，为使居室窗明几净，生活舒适卫生，各种家庭日用品清洁剂应运而生，品种繁多，包括供清洗家具、地板墙壁、门窗玻璃用的硬表面清洁剂和地毯清洁剂；洗涤玻璃器皿、塑料用具、珠宝装饰品用的各种专用洗涤剂；厨房里用的餐具洗涤剂、炉灶清洁剂、水果蔬菜消毒净洗剂、冰箱清洗剂、厨房瓷砖清洁剂；卫生间里用的浴盆清洁剂、便池清洁剂、卫生除臭剂等。

（4）化妆品。化妆品不仅单纯地使人变美，而且可以保护皮肤，成为人们日常生活的必需品。化妆品包括基础化妆品、美容化妆品和特殊用途化妆品三部分。基础化妆品是保护皮肤、毛发以及增进皮肤和毛发健康的制品。美容化妆品是为了修饰脸面、指甲等部位，使之增加魅力用的制品。特殊用途化妆品是指用于面部、毛发等部位具有防御功能或经过一些特殊的理化处理的制品，具有一定的缓和治疗作用。

当前化妆品已经深入人们的日常生活，不仅女士用、儿童用，而且男士也用。使用化妆品人群的年龄也在逐渐增大，可以说化妆品的社会意义已越来越重要，其市场容量也越来越大。2011年，我国化妆品（护肤品、彩妆和香水等）市场容量约为1 075亿元，2012年超过1 200亿元，2006~2011年复合增长率为15.8%。未来，我国化妆品行业将迎来一轮稳定且快速的黄金增长期。在这个时期，经历多年激烈竞争而发展起来的本土化妆品品牌，有望获得比过去更加有利和更加迅速的发展机遇。

化妆品通常是用在人们健康的皮肤上，因此对其质量要求较高。首要的就是安全可靠，不得有碍人们的身体健康，同时使用时不得有副作用，因此对其必须做一些必要的测试，包括毒性试验、刺激性试验、护肤化妆品的效果测试。为此我国已有明确规定，必须经有关部门检验合格发放生产合格许可证后方可生产。

知识拓展 2-1　化妆品的发展趋势

化妆品琳琅满目且变化多端，化妆品的发展趋势体现了时尚的追求：天然化、综合化、功能化、儿童用品特色化。其中，功能化是当代化妆品发展的重要方向。

发展功能性化妆品依赖分子生物学、生物工程、皮肤生理医学等边缘科学的发展，化妆品的制高点是功能性化妆品，而开拓皮肤分子生物技术是其根本。功能性化妆品中的保湿化妆品、防晒化妆品、抗氧游离基化妆品、含氧化妆品、免疫性化妆品、增白亮肤化妆品、新型酶类化妆品等有着广阔的市场。另外，一种以促进组织更新和新陈代谢的富氧化妆品成为流行产品，该类化妆品富有大量纯氧，且能进入组织细胞，刺激细胞呼吸，促进新陈代谢和组织更新，使皮肤焕发活力和保持青春。

此外，男女均能使用的无性化妆品以及男用化妆品、保湿化妆品（不含防腐剂）的发展也很快。软胶囊技术在化妆品中的应用也是化妆品发展的趋势之一。软胶囊化妆品能抗污染、抗氧化，能够长久保持化妆品内在有效成分，可避免化妆品"二次污染"，已成为化妆品产业的潮流之一。

2.1.2 日化行业的基本特征

1. 用户非常多

日化用品，千家万户都需要，它与人们的日常生活密切相关。这一特点决定了这个行业是一个长线行业，永远都有需求。随着人们收入的提升，生活水平的提高，其市场规模还将不断增长。

2. 行业竞争激烈

当前日化产品同质化严重，品牌缺乏个性，营销手段单一，形成众多品牌共抢一块蛋糕的局面。技术门槛低，众多企业加入及专业 OEM（贴牌生产）厂家的出现使日化行业生产能力严重过剩，尤其是洗发产品，宝洁、丝宝、联合利华等行业巨头的争相降价，使日化企业的生存环境更加恶化。

 案例 2-1 奇强"农村包围城市"的营销策略

奇强是目前国内最大的一个没有被合资的国产洗衣粉品牌。奇强是南风集团1992年推向市场的洗衣粉品牌，从一个区域性品牌做到现在在全国具有较高知名度的品牌，奇强靠的就是农村包围城市的路子。

一直以来，外资洗衣粉把持着城市市场的绝对份额，它们的手段就是高密度、高质量的广告宣传。但占据中国市场80%份额的农村市场却是外资的软肋，一方面由于外资洗衣粉定位高档，对于消费水平普遍较低的农村来说接受比较困难，另一方面由于农村的广告到达率不是很高，外资在农村市场的知名度并不高。整个农村市场还处于群龙无首的状况。空当就是机会。奇强把目标消费群定位在25～55岁的中低收入女性，产品以小包装为主，价格便宜，这些人能够很方便地在周围小商店买到奇强洗衣粉，广告也多是以产品的质量和价格为诉求点。奇强制定了一套针对农村市场的有效战略，开始了浩浩荡荡的送货下乡活动，组织了上千辆送货车，在乡村、小镇刷墙壁广告，搞模特表演，用农村人喜闻乐见的方式进行产品销售。这种看似十分土的销售方法却十分有效，奇强的销量有了质的飞跃，洗衣粉的销量从1992年的7 000吨到1994年的50 000吨，再到1995年的80 000吨、1997年的23.5万吨，连续几级跳，取得全国销量第一的宝座。

在稳占农村50%以上的份额后，南风集团决心进军省会城市和直辖市，开始要与跨国公司一争高下。1997年，南风集团市场部经理带着针对城市人设计的新产品——奇强速效洗衣粉，出现在北京国际展览中心的洗涤用品展销洽谈会上，南风集团正式进军北京。经过了一系列成功的营销活动，南风集团的产品顺利摆在北京所有大型商店的货架上，月销售额从2月的20万元增到6月的90万元，年底达到每月200万元，奇强成功地进入了北京市场。就这样，南风集团靠着市场的缝隙及有效的营销手段，先从农村市场入手，再向城市发展，1999年奇强占领了全国近20%的市场，终于在洗涤品市场上占了一席之地。

3. 消费潜力巨大

从国内外产业发展的趋势看，作为生活必需品，日化产业生命周期很长，在可以预见的未来没有被替代或出现衰退的危险；同时，我国人口众多，是全球未来增长潜力与规模最大的日化市场。随着居民生活水平的提高，日化产业发展还将提速，在可预见的将来市场将保持持续增长。

4. 营销职能下移

随着日化产品日益同质化，企业竞争的核心从产业链上游转移到下游。目前流通领域的变化使总代理商的势力有所削弱，零售连锁业的崛起使得很多厂家直接与其交易，缩短了渠道链条并降低了成本。很多厂家为了更进一步增加对市场竞争的掌控能力，要求商家做出更具体的市场竞争行动，如促销、让利、理货等，同时厂家强化与下级经销商和重点经销商的沟通，从注重批发商转移到苦心经营终端卖场。

案例 2-2 丝宝的"终端营销模式"

在国内快速消费品领域竞争最为激烈的日化行业中，丝宝集团的主打品牌舒蕾之所以能从宝洁、联合利华以及众多国内品牌的夹击中脱颖而出，凭借的是其独创性的"终端营销模式"。早在1997年舒蕾发轫之时，丝宝集团就确立了"从终端打造核心竞争力"的方略并持之以恒坚持至今，这直接造就了舒蕾在国内唯一可以与宝洁在单一产品上对峙的品牌地位（2000年舒蕾与飘柔、海飞丝进入洗发水品牌前三名），因而在中国洗发水市场首次出现国产品牌与宝洁、联合利华三足鼎立的局面。

可以说，丝宝集团的营销网络以及终端营销模式已获得市场证明，非常适应中国市场特点和发展态势。这也是丝宝集团为什么能从宝洁、联合利华、花王等跨国公司的围攻下脱颖而出的原因。丝宝集团并不满足于一时的成功，开始着手构建新的终端营销框架体系。简单来说，它被划分为"软终端"和"硬终端"两大模块。"硬终端"指的是终端的外在表现形态，如陈列、堆头及小手册等。各大厂商在"硬终端"方面大同小异，却常常忽视最能体现核心竞争力的"软终端"，但这是终端营销框架体系的点睛之笔。丝宝集团建构了专属的"软终端"四大系统：市场网络及品牌顾问队伍管理系统、终端信息反馈系统、品牌传播支撑系统、产品品质保障及物流体系匹配系统。正是基于"软终端"的全面构建，让丝宝集团的终端营销模式长盛不衰，这使得丝宝集团拥有了不可逾越和替代的营销战略资源。

舒蕾是丝宝集团的巅峰之作。在运作这个产品的时候，舒蕾放弃了总代理制，花大力气自建网络。在人员促销、产品陈列上展开激烈攻势，舒蕾的堆头、灯箱、海报占据卖场最显眼的位置，同时丝宝集团组建了销售小分队，网络下沉到二三级市场上。舒蕾抓住了宝洁在销售终端上投入不足的弱点，与宝洁展开了"地面贴身肉搏战"。也许消费者是冲着宝洁的产品而来的，但是到最后却走进了舒蕾的大门。

5. 日化企业成本高涨

日化企业由于主要原料石油价格的不断上涨，生产和运输环节的费用都大幅上升，另外营销费用也是一笔庞大的开支。以宝洁为例，2009年公司的广告开支是75.19亿美元，到2011年则飙升至93.15亿美元，大幅上涨了23.9%，而同期的销售额仅增长了7.6%。

2.1.3 日化用品的需求特征

1．知名品牌脱颖而出，知名度之间存在差距

品牌知名度是评价品牌竞争实力的一个重要指标。日化用品在媒体广告策略上多采用电视广告常年不间断轰炸的方式，主要品牌几乎家喻户晓。数据显示，洗衣粉、洗衣皂和洗洁精均有知名品牌脱颖而出，而且品牌知名度之间在需求上存在着较大的差距。

案例 2-3 洗衣粉市场三强鼎立，立白、汰渍、雕牌瓜分六成份额

不单单是洗发水市场为几大品牌所霸占，尼尔森 2009~2010 年滚动年度数据显示了当时国内洗衣粉市场的真正格局——立白销售量份额达 23.5%，销售额份额达 24.3%，蝉联第一；加上排在销售额第二位的汰渍（20.6%）和第三位的雕牌（17.7%），前三强占据了市场六成份额。中国日化品市场 2008~2009 年的年均复合增长率在 13.4%，快于国际整体市场增速，2011 年达 1 800 亿元，其中竞争最激烈的就是洗衣粉市场。从当时的洗衣粉市场格局看，立白第一、汰渍第二、雕牌第三已构成相对稳定的竞争格局，其余四成份额由奥妙、浪奇、奇强等分配。

2．少数品牌占据大部分市场，竞争实力悬殊

市场占有率是评价品牌实力的最重要指标之一。总体看来，日化用品的大部分市场份额被少数品牌所占据，其他众多品牌瓜分剩余的小块市场份额，两极分化现象十分突出。同时知名度越高的品牌，其市场占有率也相对越高，表明品牌知名度与市场占有率存在着密切的联系。

3．品牌习惯性消费的特点突出，品牌忠诚度很高

人们对清洁用品、洗涤用品等日化用品的使用具有习惯性消费的特点，换句话说就是对品牌具有很高的忠诚度，通常在较长一段时期内坚持使用一个品牌的产品。这种情况对生产企业来讲利弊共存，有利的是已有消费群体相对稳定，市场波动较小；不利的是吸引其他品牌的消费者以扩大市场占有率变得较为困难。

案例 2-4 本土日化企业集体溃退，外资品牌市场占有率超 7 成

2012 年，根据国内日化企业的中报显示，除上海家化（600315.SH）和美即集团（01633.HK）外，其余可谓集体不及格。其中，两面针（600249.SH）2012 年上半年亏损 1 441 万元；浪奇（000523.SZ）上半年营业收入为 9.54 亿元，净利润只有 849 万元。

本土日化苦苦挣扎，外资企业则风光正好。全球最大快速消费品公司宝洁公司发布的 2012 年第二季度财报数据显示，2012 年 4 月 1 日~6 月 30 日，宝洁所有业务部门营收总和为 202.12 亿美元，公司实现净利润 36.3 亿美元，同比上升 45%。2012 年上半年宝洁公司共实现盈利 65 亿美元，营业额为 404.42 亿美元。宝洁的老对手联合利华公司上半年盈利也持续增长，其 2012 年半年报显示，上半年联合利华旗下食品、个人护理和家庭护理三大主打领域均实现增长，全部营业额为 254 亿欧元，同比增长 11.5%，实现净利润 24 亿欧元。

中国快速消费品网的数据显示,2012年国外品牌占据的市场份额已超过70.0%,占据的销售份额超过90.0%。以宝洁、联合利华为首的外资品牌在国内的市场占有率达到70%以上。

4. 品牌消费存在明显的地域差异

日化用品品牌消费存在着明显的地域差异,同一品牌在不同城市的使用率差距非常突出。譬如,对于洗衣粉品牌来说,奥妙在上海和武汉的使用率明显高于其他城市,碧浪则在北京和沈阳具有更大的优势,巧手在沈阳、汰渍在西安具有优于其他城市的表现;对于洗衣皂来说,雕牌在上海的使用率明显低于其他城市,上海更青睐于扇牌和固本,而中华在西安、三威在沈阳具有较强的地域优势;对于洗洁精来说,最明显的就是北京消费者对金鱼情有独钟,一枝花在武汉具有较强的地域优势。

5. 日化用品使用情况受年龄因素影响明显

年龄是影响日化用品使用的一个重要因素,年龄越小的消费者偶尔使用或基本不用的比率较高,这与其家庭角色有着直接的关系。例如年龄在 15～19 岁的消费者,半数左右偶尔使用或基本不用洗涤用品,原因是洗衣服和刷碗这样的家务多由其父母代劳。

6. 产品功效和价格适中是影响消费行为的主要因素

产品功效是影响日化用品消费行为最重要的因素,这也说明市场竞争从本质上讲是产品之间的竞争。价格适中是消费者购买日化用品所考虑的另一个重要因素,另外知名品牌和购买方便等因素也为较大一部分消费者所重视,其他因素的影响相对较小。

7. 消费者对产品功效的需求具有多元化的特点,部分功效需求相对集中

不同品种的日化用品,其功效不尽相同,消费者所关注的程度也有所差异。譬如,洗涤去污能力是洗涤用品消费者最关注的功效;对于洗衣粉来讲,容易冲洗、不伤皮肤和不伤衣物等功效尤为重要,另外气味清新也被较多消费者所重视;对洗衣皂而言,容易冲洗被排在重要的位置,气味清新、不伤皮肤和持久耐用等功效也被不同程度地关注;对于洗洁精来说,气味清新被普遍重视,不伤手、无毒性和可洗水果蔬菜等功效也是消费者关注的重要因素。从消费者对功效的关注程度看,消费者对洗涤产品功效的需求具有多元化的特点,洗涤去污能力、气味清新和不伤皮肤等功效的需求相对集中。

8. 超值加量、折价优惠和买一送一是消费者愿意接受的主要促销方式

促销方式作为阶段性刺激消费者购买行为的重要方式,其地位非常重要。消费者对不同促销方式的接受情况存在着较大的差异。对于日化用品来说,超值加量、折价优惠和买一送一是消费者愿意接受的几种主要促销方式,相比而言,其他促销方式效果不及以上三种方式。希望花更少的钱得到更多的实惠是消费者普遍存在的心态,同时也是日化用品促销活动吸引消费者并激发消费欲望的心理基础。

案例 2-5　消费者对不同日化产品的关注程度及其定位策略

选取四种日化产品为例进行分析,即化妆品、洗发水、牙膏和洗衣粉。这四种产品中,消费者最切身关注的、最需要的是哪一种?最不关注的是哪种?根据这一尺度,我们对这四种产品进行排序。

第一,脸面最重要。人与人初次交往首先关注的就是他人的样貌,所以化妆品排第一。

第二，人们交谈时也常会说"你的长发飘逸"等客套之词，所以洗发水排第二。第三，牙膏会受到很多人关注，但不够个性化，一个家庭通常所有成员共同使用一支牙膏，而不会每人各用一支。消费者最不关注的是洗衣粉。因此，化妆品应注重给人的感觉，洗衣粉应注重功能和价钱。

对于洗衣粉，消费者没有太多要求，只希望它具有最基本的功能即可，去污力强、清洁效果好、价格便宜。所以洗衣粉的广告就要体现这些特性。雕牌洗衣粉曾有一条广告，内容是一个小女孩帮下岗的妈妈洗衣服，广告中提到：雕牌洗衣粉只要一点点就可以洗好多好多衣服，可省钱了。此广告中充分体现了产品去污力强、价格低的特点，突显了雕牌洗衣粉的产品定位策略。

对于牙膏，消费者也比较注重功能，并且牙膏的功能是多样的，不同的人群需要不同的功能。所以，牙膏广告通常采用市场定位。"冷热酸甜，想吃就吃"面向牙齿过敏人群；某些防蛀、防龋齿的牙膏通常找小朋友来拍广告，面向儿童市场。

洗发水处在过渡位置，既要注重功能，也要注重感觉。洗发水是怎样打造感觉的呢？用代言人。以海飞丝为例，每年都会换一个新的代言人，并且这些代言人都是当红的明星，以此来帮助消费者打造感觉，同时也不忘体现功能。比如潘婷的广告女主角最后都会有个拉一拉自己头发的动作，表示产品具有保护发质的功能，头发不易折断。这样既注重感觉，又体现功能。洗发水通常采用形象定位、品牌定位。

化妆品的功能很重要，但更多的是注重感觉。最重要的是化妆品的广告都或多或少地帮助观众树立一种观念：爱美丽、爱生活。"其实你可以更美的""欧莱雅你值得拥有""人靠衣装、美靠靓妆"等，这都是在打造观念，所以化妆品通常采用观念定位。观念对于化妆品很重要。女士们出门前如果做了保养或化了妆，就会更自信，这种自信就来源于自己更美丽，这就是观念在起作用。

2.2 日化用品营销策划知识

2.2.1 日化用品营销的概念

日化用品营销是现代市场营销学的理论和方法在日化企业营销实践中应用的理论概括，是日化企业运用市场营销学的基本原理、基本方法等理论依据，吸收日化设计与工艺、日化工程学等有关学科的知识和成果，结合日化用品的营销特点，不断满足消费者需求的过程。这个过程包括日化用品市场调研与预测、日化用品市场细分与定位、日化用品市场产品策略制定、日化用品定价策略制定、日化用品分销渠道策略制定、日化用品促销以及售后服务等一系列活动。

案例 2-6　日化产品新闻营销

云南白药 2012 年三季报显示，2012 年前三季度仅白药牙膏的收入就达到 12 亿元，同比增长约 40%。此外，云南白药还在日化领域挖掘出了众多新的业务增长点，如养元青洗发水、千草堂沐浴露和面膜等。

据不完全统计，2012 年 11 月开始至中旬，云南白药围绕其产品属性、市场份额、业绩等发布新闻约 40 余篇，其中仅云南白药牙膏相关报道就达 20 余篇。

广告营销打造"玻璃品牌"，新闻营销打造"钻石品牌"。

搜索引擎时代，云南白药以牙膏相关产品撰写发布了不同的稿件，影响了用户决策，既为其销售服务，也塑造品牌，提升产品美誉度。

2.2.2 日化用品营销的特征

1．消费特征

（1）便利性：消费者可以习惯性地就近购买。

（2）视觉化产品：消费者在购买时很容易受到卖场气氛的影响。

（3）品牌忠诚度不高：消费者很容易在同类产品中转换不同的品牌。

这些特征决定了消费者对日化用品的购买习惯是：简单、迅速、冲动、感性。

2．属性特征

（1）销售周期：产品周转周期短。

（2）渠道特点：进入市场的渠道短而宽。

（3）促销形态：在人流量大、档次高的地区设立户外广告牌做产品形象广告，在卖场进行现场演示、促销、折价销售等活动对产品销售很重要。

（4）组织模式：一般为下设分公司或办事处的销售组织体制，通常在分公司或办事处所辖区域设立库房。

（5）售后服务：主要体现在对客户投诉的迅速反馈和有效处理上。

3．竞争特征——市场潜力巨大，竞争激烈

日化用品适应人群广，消耗速度快，且需要不断重复购买，所以其市场潜力巨大。但该行业进入门槛低，成本费用低，而资金回收较快，因此市场上的产品如过江之鲫，同质化程度高，竞争非常激烈。

知识拓展 2-2　化妆品专家坐诊式销售

研究发现，患者对医生的叮嘱几乎是言听计从，若把消费者到店购买化妆品的过程模拟为患者到医院就诊，将能有效提高产品成交率、回头率。但国内化妆品专营店普遍存在一定的不足：客流量太低、顾客进店率难以提高、产品单价低位徘徊、成交低迷等。面对这些困难，可采用专家坐诊式销售，通过专业的皮肤检测仪器对顾客进行皮肤测试，结合中医养生理疗的知识，为顾客提供专业的、个性化的肌肤修复建议。

4．品牌特征——产品概念提升品牌

相对于耐用消费品，消费者对日化用品的品牌敏感度不高，产品的可替换性大。例如在洗发水的购买中，消费者往往会同时购买和使用不同品牌的产品，变得越来越"喜新厌旧"，越来越捉摸不定。而且日化用品不像 IT（信息技术）或者电子产品那样可以不断提升新技术、附加新功能、提供真正的改变，就产品而言，它往往是同质化的。因此，日化企业必须不断推陈出新，以保持其品牌持久力。借鉴一个公式来概括该行业的营销，即日化用品营销=基本的行业原则+更多的细节关注+创新的产品概念+必要的广告投入+长期性品牌维护。

5．渠道特征——传统业态和新兴业态并存

日化用品拥有广泛的消费群体，消费频率高，使用时限短，消费者对其便利性要求很高。这就使得其渠道种类多而复杂，传统业态（百货商场、批发市场）和新兴业态（连锁店、超市、大卖场）等多种渠道并存。

知识拓展 2-3　　快速消费品

日化用品属于快速消费品的一种。快速消费品（Fast Moving Consumer Goods，FMCG）是指消费者消耗较快、需要不断重复购买的产品。典型的快速消费品包括有日化用品、食品饮料、烟草等。

快速消费品因其消耗速度较快，需要不断重复购买，且关系到所有人的日常生活，因此有着最为广泛的市场；又因其技术门槛较低，无疑是竞争最为激烈的市场。

2.2.3　日化用品营销策划的要求

日化用品"同质化"现象严重，消费者购买时往往会更多地考虑生产产品的公司是否具有影响力，因此日化用品的营销策划必须把握以下要求：

1．鲜明的品牌个性，准确的品牌定位

成功的自我认识和个性的表现是日化品牌生存和发展的重要条件。以牙膏品牌为例，"田七"的定位是中草药牙膏，"云南白药"的定位是高端非传统牙膏，"冷酸灵牙膏"的定位则如同它那句耳熟能详的广告语"冷热酸甜，想吃就吃"。企业只有真正了解自己的品牌想要发展的方向，才可清晰地制定出推广策略。其实，这就是营销学所指的产品独特的核心卖点，即 USP。

企业如何提炼出独特的、核心的、有效的产品卖点呢？一般来说，提炼卖点可以从产品的材质、工艺、功能、细节、颜色、造型、质量、环保、人性化等顾客关注多的、有价值的产品属性着手。具体方法有：

（1）从产品新技术开发出来的元素中提炼。例如"维他命㊀原 B_5"，它最大的特点就是渗透性极佳，可以深入到毛发及皮肤深层。另外，维他命原 B_5 可以促进胶原蛋白再生，还有抗氧化性。这让以它为卖点的"潘婷"曾经风靡一时。

（2）再细分，再定位。在所有洗发水都在诉求"去屑"时，飘影提出了"去屑不伤发"的卖点，独树一帜；索芙特在诉求防脱发时，霸王则提出了"不仅防脱，而在于养"，深度不言而喻。

（3）想别人没有想到的特性。例如螨婷是第一个提出了除螨的洗面奶，独特新颖。

（4）从消费者的迫切利益去寻找。例如洗涤剂从不伤手到超强三倍去污，就是消费者的迫切需求。

㊀ 即维生素，维他命是其英文 Vitamin 的音译。

2. 要有精美的产品包装

成功的包装设计不但能迅速地抓住消费者的眼球，而且能让人感知到包装内的产品，包括品质、档次、造型、品位等，从而产生立即购买的冲动。

比如化妆品的包装，其设计应遵循一定的规律：第一，要有针对性，这主要缘于不同年龄段、不同性别的消费者对色彩和图案的欣赏（审美观）有着明显差别；第二，要参考竞争对手的产品包装设计，务必建立并强化本企业产品包装的差异性；第三，要考虑产品包装的市场营销性，产品包装在终端具有无声推销员的作用，包装的销售功能促使包装务必从经济性、实用性等方面考虑，一方面要通过其设计提高商品的附加值，另一方面要通过其设计满足消费者物质及精神方面的需要。

3. 重视产品研发，把握全球日化用品的营销及发展趋势

产品是营销的基础和前提。如果没有过硬的产品，再好的营销手段也只能是无源之水、无本之木，最多只能取得短期效果。对于竞争异常激烈的日化产品，企业的竞争优势取决于企业能否向市场不断提供满足消费者需求的新产品。开展产品研发，不断推出新产品，一方面可以保持品牌对于经销商的吸引力，以及消费者对品牌的忠诚度，还可以让企业在一段时间内赢得高额的利润，实现企业长期持续、稳定的发展。当前日化企业可以根据消费者崇尚天然配方的趋势进行新产品开发，如添加植物配方或中草药成分。

案例 2-7　拉芳集团以科技立行，成就民族日化品牌

拉芳集团在中国日化行业摸爬滚打多年，深刻领悟科技创新的重要性，以前瞻性的眼光和大无畏的气魄，持续投入亿元科研经费，十多年磨砺宝剑出鞘。集团已经全面建成拉芳工业园和金洁工业园两大生产基地，生产车间全部按GMP⊖标准建设，在中国日化行业中处于领先地位。

拉芳集团意识到中国人的发质与西方人的发质有着很大的区别，头发构造、数量不同，发质特征不同，头发寿命不同，头发生长周期也不同。拉芳集团在每个产品开发之前，都分别成立专门的科研小组，联合多家国际调查公司和科研机构，深入中国各地开展全面的发质调研。在不断的研究中，拉芳集团逐步构建起一个基于中国消费者的发质数据中心。

2004年拉芳集团联合江南大学等多家专业机构成立"拉芳国际日化研究中心"，以开放性的视野整合国内外优秀的日化科研资源，构建了一个从基础日化到市场应用的全链条科研体系，提升了产品的技术含量，实现了产品质量标准的国际化，缩短了新品研发周期，奠定了坚实的科研基础。多年的风雨洗礼，拉芳集团已经一跃成为民族日化的领军企业，走在中国日化行业发展的最前沿。

4. 树立抓人眼球的终端形象

终端是产品流通过程中的最后一个环节，同时也是最重要的环节之一。对于日化用品，不管是日化线，还是专业线，或是专营店，终端的POP海报、易拉宝、灯箱、立牌、促销海报以及陈列专柜、堆头、端架等对销售都非常关键。

⊖　见"知识拓展5-3"。

据不完全统计，到商场购买日化用品的顾客，指定品牌的比例小于50%，另外过半的顾客没有明确的购买目标，只有需求意愿，甚至只是潜在的需求意愿。这部分消费者主要靠终端的品牌形象、产品包装、促销道具等宣传物料的刺激和销售人员的导购，以及各式的终端促销活动的刺激而实现购买；而指定品牌购买的消费者，经过销售人员的有效推荐和终端形象的配合，有25%左右的人会改变原意，购买推荐品种或品牌。

 知识拓展 2-4　日化线、专业线与易拉宝

日化线一般是指消费者在超市、商场的柜台上能买到的东西。"日化线"这个称谓多见于化妆品市场。化妆品市场以销售渠道差别细分后，在行业内分为日化线和专业线。日化线是在超市、商场可以买到的，专业线主要通过美容院渠道进入市场。

日化线的产品主要靠广告推动，销售多集中在超市、杂货店及批发市场，覆盖面广。专业线产品集中在美容院里销售，价格较高、针对性强，主要以口碑营销和过硬的功能作用赢得消费者的青睐。

易拉宝是一种宣传品，因其是从盒子里拉出来的，使用方便，所以美其名曰易拉宝。它是把支架和宣传画都装在一个盒子里，支架设计成一个暗盒，画面可伸缩，使用时从盒子里抽出来。撑杆也是放在盒子里的，抽出来，一般是三节中空，里面有绳子连接着，接在一起就成了一根撑杆，盒子就成了底座，把宣传画展开，顶部挂到撑杆顶端即可。不用时，就把宣传画缩回盒子里，撑杆也收起来，然后放进一个长筒型的袋子里就可以带走。

5. 要有新颖实效的促销活动，运用正确的价格手段和促销手段进行销售

现阶段，我国日化用品市场以国际大型跨国公司为主导，国内日化企业想要在竞争中占有一席之地，必须进行更多的市场推广以增加其品牌的影响力。价格和促销是日化企业最有效的市场推广手段。

促销按对象可分为消费者促销、经销商促销和内部员工促销。常用的促销工具包括：针对消费者的促销工具有优惠券、赠品、折价、奖金、现金返还、免费试用、光顾奖励、产品陈列和示范；针对经销商的促销工具有购买折让、广告和展示折让、免费产品、现金返还、实物奖励、培训及旅游等；针对内部员工的促销工具有销售竞赛、达标奖励等。

为保证促销的有效性，促销活动的设计就显得非常重要。企业必须对促销品项、促销品项的销售价格、促销方式等各个促销环节加以总体协调把控，将促销品生动化，防止出现"有促销有销量，没促销没销量"的现象。

 案例 2-8　奥妙：降价促销，成就洗衣粉领导品牌

联合利华集团公司是全球最知名的日用消费品公司之一，总部位于荷兰鹿特丹及英国伦敦，是英、荷合资企业，在100个国家设有分公司，产品行销150多个国家，在88个国家拥有300多个业务机构，整个集团有员工近30万人。

联合利华1993年进入中国后的道路并不平坦，旗下的奥妙洗衣粉的市场份额曾一度落在宝洁公司的碧浪和汰渍后面。2000年11月，联合利华将两款新推出的奥妙洗衣粉——奥

妙全效和奥妙全自动洗衣粉全面降价，降幅分别达到 40%和 30%，400 克奥妙洗衣粉的价格从近 6 元一下直逼 3.5 元，这个价格当时仅有主要对手的一半左右。"3.5 元的价格没有竞争者"，陈继均（联合利华中国总部市场董事）表示，由于奥妙精心营造的高档形象已深入人心，老百姓突然能够买得起以前买不起的奥妙洗衣粉了，市场由此洞开，奥妙也一跃成为洗衣粉市场的领导品牌。"我们也没想到，洗衣粉月销售量大幅度增加，整整比原来增长了 4 倍以上"，陈继均说。

据当时的调查，降价后的奥妙洗衣粉在全国各主要城市的零售都出现了连续热销，奥妙品牌市场占有率翻了一番，把老对手宝洁公司也甩在了后面。在上海，奥妙洗衣粉的市场份额达到了突破性的 37%，稳稳地坐上了头把交椅，而在四川，广告轰炸和降价促销，使奥妙的市场占有率迅速上升到了 12%，这与宝洁的汰渍和碧浪市场占有率的下降正好形成了鲜明对比。奥妙也因此成了全国最具知名的洗衣粉品牌。

6. 加强企业形象建设，增强社会责任感

当今社会，消费者在选择商品时会很自然地将品牌的信誉和社会形象列入考虑的范围之内。一家懂得如何塑造良好的社会形象、有着高度社会责任感的企业，才能在建设企业文化方面得到更多的共鸣，才会有长久的发展潜力。

案例 2-9　产品质量是企业最重要的社会责任

2010 年 9 月 10 日，清华大学与罗德公司联合发布第二期《快速消费品行业企业社会责任指数报告》及《汽车行业企业社会责任指数报告》，79.1%的受访者认为企业社会责任最重要的是"产品质量"，其次是"诚信经营""环境资源"。

此次调查设定了九项关键性指标，包括商业道德、诚信经营、生产安全与职业健康、公平竞争、员工权益、产品质量、知识产权、环境资源、慈善事业与社会公益。"上海大众"和"一汽轿车"作为合资品牌汽车企业和自主品牌汽车企业，分别位列汽车企业社会责任指数排序的榜首位置；食品饮料、日化用品等快消行业首位均为外资品牌。调查发现，在中国消费者心目中，国外企业的社会责任表现全面超越国内企业，其中差距最大的是"产品质量"。清华大学媒介调查实验室主任赵曙光说："产品质量和员工权益是企业的立足之本。"

 岗位技能训练

实训 1　搜索技能训练——日化用品人员推销方案搜索

【实训目的】
（1）能搜索到一份完整的日化用品人员推销方案。
（2）能清晰地表达出该日化用品人员推销方案的内容。
（3）能总结归纳出该日化用品人员推销方案的特点。

（4）能简要说出选择该日化用品人员推销方案的理由。

【实训指导】

（1）布置任务：将学生按每组 6~8 人的标准划分成若干个任务小组，每个小组成员搜寻一份日化用品人员推销方案。

（2）搜索选择：各小组成员总结归纳自己所搜寻到的日化用品人员推销方案的特点，列明选择该日化用品人员推销方案的理由，之后形成日化用品人员推销方案实训报告。

（3）课堂陈述：各任务小组成员上交日化用品人员推销方案实训报告，由指导老师从每组中选择一份具有代表性的日化用品人员推销方案实训报告，并邀请其代表小组上台陈述。

（4）评价效果：各小组代表陈述后，指导老师点评该次日化用品人员推销方案实训的情况，并由全班同学无记名投票，评选出该次实训的获奖小组，给予表扬与奖励。

【实训模板】

宝洁化妆品"6月真情"人员推销策划方案

一、活动主题

掌控青春，把握美丽。

二、活动目的

1. 有效传递宝洁化妆品"掌控青春，把握美丽"的理念。
2. 有效促进消费者对宝洁化妆品的认知。
3. 有效扩大宝洁化妆品的销售量与市场份额。

三、活动时间

2014 年 5 月 20 日～2014 年 6 月 30 日。

四、活动地点

全国各地代理商、经销商店/柜及经销大卖场。

五、活动组织过程

1. 活动前的准备：时间 5 月 20～30 日，负责人：李丽红。

主要内容：

（1）推销人员主要分成两大组：第一组针对代理商、经销商；第二组针对促销现场消费者。

（2）组织承印人员推销所用的海报、产品小册子等。

（3）组织购买、配置有效赠品、免费试用品。

（4）做好推销人员的培训，包括产品的优缺点、与同类产品对比的优劣势以及推销的技巧、推销障碍处理方法等。

2. 活动正式组织：时间 6 月 1～30 日，负责人：陈洁娜。

主要内容：

（1）针对代理商、经销商的人员推销，负责人：孙海。主要是向代理商、经销商推荐新一代宝洁美白、护肤、润肤、防晒等系列化妆品，有效吸引代理商、经销商备货或增加订量，配合公司"掌控青春，把握美丽"推销活动的开展。

（2）针对促销现场消费者的人员推销，负责人：许容。主要采用免费试用、专业人士示范的推销策略，与潜在消费者进行深入交流、细心分析、耐心说服，实事求是地传递宝洁化妆品"掌控青春，把握美丽"的理念，适时扩大消费者的购买量。

3. 活动结束后的总结：时间 7 月 1～10 日，负责人：陈洁娜。
主要内容：
（1）比较人员推销前后产品销售额的变化，及时总结此次人员推销活动的成功之处，发现可能存在的问题。
（2）对推销过程进行跟踪调查测试，对推销过程中遇到的问题进行商讨解决。
（3）表彰现场推销额前十名推销人员、开发新客户（代理、经销商）数前十名推销人员，并总结推广好的推销经验与做法。

六、人员推销经费预算

经费预算总计 300 万元，其中：
（1）宣传海报、产品小册子等印刷品的承印费：20 万元。
（2）推销赠品 10 万份，合计 100 万元。
（3）大卖场专柜布置费用：100 万元。
（4）培训场地租借、培训老师报酬等费用：30 万元。
（5）推销人员奖金：50 万元。

宝洁公司化妆品事业部
2014 年 5 月 10 日

实训 2　策划技能训练——日化用品人员推销方案创作

【实训背景】

洁彩日化公司诞生于 2009 年，是专业从事家庭清洁剂生产的专业品牌，产品主要面向广阔的农村市场。洁彩奉行精雕细琢的质量方针，追求完美无瑕的品质效果，公司已通过 ISO9001 国际质量管理体系认证、ISO14001 环境体系认证。

七年来，洁彩秉承"一心一意做洗涤"的理念，将国际尖端技术融入农村人的生活，致力提升农村人的生活品质。洁彩旗下现拥有三大类别（衣物清洁护理、家居清洁护理、个人清洁护理）、20 个品种的产品，基本能满足广大农村消费者在规格、功能、香型等方面的不同需求。

为深入拓展农村市场，有效扩大产品销售量，提升产品在农村市场的市场份额，公司准备开展一次深度的人员推销活动。试为公司制定一份内容完整、可操作性强的人员推销活动策划方案。

【实训要求】
（1）能认识并实现组织分工与团队合作。
（2）能撰写出符合格式要求的日化用品人员推销方案。
（3）能整理总结出日化用品人员推销方案策划课题分析报告。
（4）能清晰地口头表达出日化用品人员推销方案策划实训心得。

【实训指导】
（1）组建实训课题小组：将学生按每组 6～8 人的标准划分成若干课题小组，每个小组指定或推选出一名小组长。
（2）确定实训小组课题：每个小组根据日化用品人员推销方案策划背景资料的要求，完成一份日化用品人员推销方案的策划。

（3）实施策划课题研究：各小组长根据日化用品人员推销方案，调配资源，明确各组员的任务，并督促大家有效地完成任务，包括日化用品人员推销方案的草拟、修改和定稿，日化用品人员推销方案策划课题分析报告的撰写、打印，以及小组发言等。

（4）撰写实训课题报告：每个小组完成一份日化用品人员推销方案策划的课题分析报告。

（5）陈述策划实训心得：由各个小组推荐的发言人或小组长代表本小组陈述实训课题分析报告和实训心得。

知识训练

一、判断题

1. 日化用品包括快速消费品。（　　）
2. 日化用品按照用途划分为：生活必需品（或称日常生活用品）、奢侈品。（　　）
3. 年龄是影响日化用品使用的一个重要因素。（　　）
4. 消费者对日化用品的购买习惯是：复杂、理智。（　　）
5. 产品同质化是指在一定地域范围内同一大类中不同品牌的商品在性能、外观甚至营销手段上相互模仿，以致逐渐趋同的现象。（　　）
6. 由于日化商品的用户非常多，所以在其品牌消费上不存在明显的地域差异。（　　）

二、选择题

1. 下列商品不属于日化用品的是（　　）。
    A．冰箱清洗剂　　B．香水　　C．睡衣　　D．沐浴露
2. 在日化用品销售中消费者愿意接受的主要促销方式是（　　）。
    A．超值加量、折价优惠　　B．产品陈列
    C．示范　　D．现场抽奖
3. 螨婷是第一个提出了除螨的洗面奶，这主要是指策划要求（　　）。
    A．开展产品研发　　B．有鲜明的品牌个性
    C．精美的包装　　D．注重包装
4. 化妆品通常是用在人们健康的皮肤上，因此化妆品的质量要求较高。首要的就是（　　）。
    A．祛斑美容　　B．抗氧化　　C．保湿美白　　D．安全可靠
5. 消费者在超市、商场的柜台上能买到的东西，一般是指（　　）。
    A．专业线　　B．日化线　　C．易拉宝　　D．其他
6. 不同品种的日化用品，其功效不尽相同，消费者所关注的程度也有所差异，如对洗涤产品功效的需求有去污能力、气味清新和不伤皮肤等。这是指日用消费品需求的（　　）特性。
    A．多元性　　B．习惯性　　C．功效性　　D．品牌性

三、案例题

1．冰新日化渠道模式案例分析

广州冰新日化公司以生产日化产品为主，主要产品有洗发水、护发素、牙膏、洗衣粉、

香皂等。其中,企业在销售渠道模式上是由多家批发商经销,再由批发商转卖给更多的零售商,大批量地销售本企业的产品,使产品能大量地接触消费者,提高了本企业产品的市场占有率。

分析:
(1)什么是分销渠道?按照流通环节的多少来划分,分销渠道有哪两种类型?
(2)该公司采用了哪种分销渠道推销其产品?

2．上海家化营销之道案例分析

从20世纪末开始,国际著名的日化集团开始将中国市场作为新兴利润来源地。它们凭借着成熟的产品体系、先进的营销推广手段以及雄厚的资金保障在中国市场上畅行无阻。一时间宝洁、联合利华、花王等公司的产品摆满了商店的货架,而民族品牌在强大的竞争压力下逐渐销声匿迹了,有些则成了国外集团的收购对象,剩下的大多在苦苦支撑。上海家化凭借着鲜明的本土化品牌文化内涵,树立了强大的民族品牌形象。在整个行业国内企业份额下降且处于弱势的形势下,在化妆品行业20%的国外独资企业占据主导市场的形势下,上海家化以差异化的市场发展策略,把握住了中国消费者的特殊品位——对传统中医文化的信赖,由此确立了产品的独特定位——发展具有东方特色的自主品牌和自主研发技术,凭借"六神"和"佰草集"在细分市场与跨国公司的竞争中获得了成功。"六神"系列产品2012年销售增长30%,牢固占据了夏季市场的领导地位,"佰草集"更是在高端市场以每年翻番的速度高歌猛进。

技术创新是品牌差异化的保障。如果不能在技术上创新,即使摸到了消费者的需求,即使看到了市场,也有可能会心有余而力不足。上海家化在技术创新过程中投入了很多,每年拿出销售额的3%~5%做科研技术经费,建立了8 000平方米的企业技术中心。在这里,拥有100多人的科研队伍,通过了解消费者的需求,与品牌人员共同打造像"佰草集"这样的品牌。上海家化还与国内、国际诸多顶尖科研机构建立了研发战略合作关系,建立科研管理体系、挖掘传统文化技术等,这些都构成了技术领先和品牌竞争力的保证。目前上海家化的研发成果和专利申请数量居于国内企业的领先水平,在中草药个人护理领域居于全球领先地位。

分析:
(1)上海家化主要凭借什么在与外资品牌的竞争中获得了不菲的业绩?
(2)上海家化是如何在品牌策略上与国际知名品牌及其他品牌抗衡的?

第3章 服饰用品营销策划

目的要求

1. 能叙述和列举服饰用品的概念和特征。
2. 能熟读和列举服饰用品需求的特征。
3. 能熟读和列举服饰用品营销的特征。
4. 能叙述和理解服饰用品营销的概念。
5. 能熟读和应用服饰用品营销策划的要求。
6. 能综合运用本章知识剖析现实案例。
7. 能依据案例背景撰写服饰用品公共关系方案。
8. 能撰写服饰用品公共关系方案技能训练报告。

重点难点

1. 服饰用品的特征。
2. 服饰用品营销的特征。
3. 服饰用品营销策划的要求。
4. 服饰用品公共关系方案的撰写。

案例导读

容城服装"送"河北健儿出征全运会

2013年7月16日,河北省体育局、容城县政府在省体育馆举办河北豪丹服装有限公司赞助第十二届全国运动会河北代表团西装新闻发布会。

容城县政府和河北豪丹服装有限公司、保定澳森制衣有限公司日前与省体育局签订协议,豪丹服装有限公司赞助河北代表团西服150套,澳森制衣有限公司赞助河北射击运动管理中心户外休闲服150套。

容城县是全国纺织服装产业集群试点,被誉为中国北方最大的服装生产基地、"中国北方服装名城"。

容城县县长李绍祥说,协议签订是实施品牌战略、进一步提升容城服装品牌和行业知名度的一项举措,特别是豪丹服装有限公司和澳森制衣有限公司倾力支持河北代表团,将树立企业良好形象,还会让更多朋友进一步认识容城县,吸引更多企业前来寻找发展商机。

3.1 服饰用品基础知识

3.1.1 服饰用品概述

1. 服饰的概念

服饰是指一切人体的装饰物或人的外表形态修饰物的总和。服饰是一个综合概念,它包括服装、鞋帽、皮包、内衣、领带、围巾、袜子和佩戴的饰件等。服饰作为一种传递复杂信息的"符号语言",无时不在影响着人们的生活。

2. 服饰的演变

(1)服饰与社会的发展紧密相关。人类的祖先告别了猿猴时代,披着兽皮与树叶,知道了遮身暖体,创造了最早的服饰文化。但是追求美是人的天性,服饰的作用已不仅仅是遮身暖体,更有着美化的功能。中国古代的先民从服饰起源之始,就已将其生活习俗、审美情趣、色彩爱好,以及种种文化心态、宗教观念,都融于日常生活的服饰穿戴之中,构成了服饰文化的物质文明和精神文明的双重内涵,开创了中华民族服饰文化的先河。

(2)服饰的变化在一定程度上反映了社会文化的变迁,每一段历史都会在服饰的演绎中留下独特的印记。服饰作为一种文化有着深远而多姿的历史。从服饰的演变中可以看出历史的变迁、经济的发展和文化审美意识的演变。无论是商的"威严庄重"、周的"秩序井然"、战国的"清新"、汉的"凝重",还是六朝的"清瘦"、唐的"丰满华丽"、宋的"理性美"、元的"粗壮豪放"、明的"敦厚繁丽"、清的"纤巧",无不体现出中国古人的审美倾向和思想内涵。然而一个时代的审美倾向、审美意识不是凭空产生的,而是基于特定的时代背景。

(3)文艺复兴后,一些富裕的商人开始追求豪华的服饰,直到第一次世界大战结束后大众服饰才开始真正兴起。巴黎、米兰等地的时装设计师们开始关注服饰的款式,首先是电影明星与通俗音乐歌星们开始涉足甚至领导服饰流行的风潮，刮起的服饰风成为一道亮丽的风景。第二次世界大战时由于原料的短缺，女士裙摆进一步变短，以及20世纪50年代兴起的宽松自由的服饰，均被认为是追求变化的杰作。

（4）随着新技术、新工艺的不断出现，以及服饰业的不断成熟，服饰产品的款式和花色品种大幅度增加。伴随着各种传播媒体的出现，服装从最早的功能性——遮羞蔽体，经过岁月的流逝与历史的演变，从等级制度的代言人，到后来标榜个性的象征物，已经走过了漫长的岁月。现在人们的生活方式以及城市青年们的"街头流行"不断影响着设计师们，也影响着现代服饰企业的营销观念。

3．服饰用品的整体概念

现代营销观念认为，产品不再局限于物质形态和具体用途，而是归结为人们通过交换而获得的需求满足，归结为消费者需求的实际利益。服饰产品是一个整体的概念，是服饰文化的外延，是时代精神的反映。因此，对服饰用品概念的正确认识是服饰企业经营者的基本素质。服饰用品除了服饰实体之外，还包括服饰的品牌、服务等。在这种观念下，服饰产品包括三个层次，即核心产品、形式产品、附加产品。

（1）核心产品。它是产品概念最基本的层次，表现为顾客需求的中心内容，即产品为顾客提供的最基本的效用和利益。例如，冬季人们购买棉鞋是为了满足保暖的需要，保暖性就是棉鞋的核心效用。作为服饰企业，首先要明确的是产品能为消费者带来什么利益。

（2）形式产品。它是指产品的具体物质形态和实体外观，一般以产品的外观、质量、特色、包装、品牌和商标等形式表现出来。例如，人们购买棉鞋时，皮棉鞋、布棉鞋等就是产品的外在形式。

（3）附加产品。它是指顾客购买产品所获得的附加利益和附加服务的综合。例如，购买皮棉鞋时，商店提供终身皮鞋美容服务；购买牛仔裤可免费修改裤长等。

 案例 3-1 迪奥服饰的品牌发展之路

半个多世纪以来，法国服装设计大师克里斯汀·迪奥（Christian Dior）的旷世辉煌再次印证了分析和掌握消费需求的重要性。

迪奥创立名牌之路始于20世纪40年代末，当时整个西方刚刚饱尝了第二次世界大战的洗礼，生活动荡不安、物价飞涨、商品供应紧缺。英国、德国、法国的服装厂家仍在忙于生产体现战争风貌、无性别差异的粗糙服装。迪奥准确地抓住这一契机，以其大胆的构思和设计复苏了第二次世界大战以来一直为女人刻意压抑又始终幻想的华丽之梦。在1947年的时装发布会上，迪奥强调丰胸、窄腰、宽肩的形象设计，一扫战争的丑恶与残酷，冲淡了战争以来巴黎服装界的沉闷。由简单优美的线条和华丽高档面料构成的迪奥时装表达的是"年轻、希望、未来"，它给了被战争硝烟缭绕过的女性充分展示优美身段、高贵典雅和重新塑造自己的机会。这对战后仍旧贫困不已的社会产生了巨大的冲击。这场革命性的"新风貌"很快就得到了消费者和国际服装界的强烈反应与迅速认同。旧时的服装被迫沦落到了廉价市场，站在流行前沿的厂商们强烈意识到服装领域全新时代的开始。

此后，迪奥在世界名牌的霸主地位越来越稳固，其服装的出口额曾占法国总出口额的

5%，是法国服装出口额的75%。如今，迪奥的产品遍布全世界，产品也从高级女装延伸到高级成衣、针织服装、内衣、各式香水、化妆品、珠宝和饰件等。几十年来迪奥人延续着迪奥品牌的精神与风格，不断创造着新的机会。

3.1.2 服饰用品的特征

1. 功能性

功能性体现的是服饰是人类赖以生存的生活必需品。服饰的诞生首先是满足人们遮羞蔽体、抵御风寒的需求。随着人们生活质量的提高，对服饰功能的需求范围越来越大，因而服饰的许多功能，如卫生功能、保健功能、舒适功能、防护功能等越来越受重视，并逐步得到开发。

2. 美学性

人们对服饰基本功能的需求满足后，必然会有进一步的美学要求。消费者会从不同的角度，用不同的标准对服饰的美丑进行评判。因此服饰需要在款式、色彩、质地上具有自己的特色，且服饰的品种一定要丰富，以适应不同的审美情趣。

3. 精神性

服饰可以反映人们复杂而深刻的内心精神世界。着装可以反映人们对美的品位追求，而且穿着不同档次、品牌、色彩的服饰还可以显示个人的性格、气质、素养、身份等信息。

4. 流行性

服饰的流行，即服饰的时尚性。服饰在款式设计、色彩搭配、面料选用及其他方面具有快速多变的特征，这种变化具有一定的周期性、短暂性和普遍性。例如，20世纪60年代的极端女性化风格——超短裙、20世纪70年代的吉卜赛式的浪漫风格等。

 案例 3-2　江苏森达鞋业的发展之路

江苏森达鞋业有限公司于1977年创立，2008年1月1日成为我国香港上市公司百丽国际旗下全资子公司。历经三十多年的发展，秉持至善之道，以考究鞋材、精湛工艺为傲，赢得了中国鞋业的所有最高荣誉：1993年获"中国第一鞋王"称号；1993～1999年连获"消费者心目中理想品牌""实际购买品牌""购物首选品牌"三个第一；2001年，率先通过ISO:2000质量体系认证，以及中国驰名商标、国家免检产品和中国名牌产品，成为连续多年位居国内市场男鞋销售前五名的品牌之一。

为了与世界鞋业同步，森达将东方传统与西方工艺相融，在意大利、中国香港等地设立研发中心，拥有时尚界专业设计师和国际级流水线。舒适和品质是森达产品的根本。如今，森达以更鲜明的品质理念，打造全新的"上质感生活"。面对消费者过分追求产品款式的需求趋势以及新兴品牌对森达的冲击和挑战，通过对鞋类市场的细分，森达从2001年下半年到2002年下半年前瞻性地推出了四款代表现代趋势的创新性产品——防滑靴、懒汉鞋、加州鞋、呼吸鞋，以适应不同市场的需求。

5．季节性

服饰具有季节性。春、夏、秋、冬四季的变化影响着人们的着装。夏天着装轻便，冬天着装厚重，不同季节的服饰特点迥异。例如，冬天的防寒服、棉帽、围巾和皮靴等。

6．地域性

地理环境和自然气候的变化是影响人们着装的主要原因之一，为了适应生存环境，生活在地球上不同自然环境和气候与条件下的人们对服饰的功能、色彩、款式的要求各不相同。例如在昼夜温差变化很大的青藏高原，人们总是穿着一种可穿可披的藏袍。

7．民族性

每个民族都有其世代相传的传统文化、宗教信仰和生活习惯，这种差异或多或少体现在服饰的款式、色彩以及与服饰相配的饰物上。民族服饰又随着时代的发展而不断演化和相互渗透，在继承的基础上不断发展，如中国的旗袍、日本的和服、印度的纱丽等。

8．社会性

服饰是社会的镜子，它随着时代的发展、社会的变迁而逐渐演变。服饰体现社会的政治、经济、技术、道德状况与进步程度，以及生活在这一环境下人们的价格观念和文化修养等。例如在中国，消费者认为香奈儿、迪奥等世界服装品牌适合高收入阶层来消费。

3.1.3 服饰用品的需求特征

消费者的需求随着流行趋势、社会经济等因素变化而不断产生和发展，虽然受到各种因素的影响而变化，但总是存在着一定的趋向性和规律性。从总体上分析，消费者对服饰的需求一般具有以下特点：

1．消费者需求的流行性

消费者的消费行为是一种社会现象，虽然它的内容千变万化，但在一定时期会表现出普遍的共性，这就是需求的时尚性，也称流行性，这是服饰需求的显著特征。服饰讲究流行性，追随时代潮流，模仿时尚是大多数人购买服饰的倾向。这种时代性的特征往往通过流行现象体现出来。例如，20世纪70年代流行喇叭裤、紧身衣服，20世纪90年代流行牛仔裤，近几年流行环保主题，"自然"成为主调等。

面对社会经济的高速发展和消费需求多元化时代的到来，服饰生产企业必须要针对服饰流行所具有的新奇性、短暂性、普及性和周期性等特点，做好服饰流行趋势的预测，不断开发和设计出面料好、款式新、风格独特的服饰新品，不断满足消费者的需求。

2．消费者需求的多样性

消费者的消费行为受民族习俗、收入水平、文化程度、职业、个性、社会地位、年龄和爱好等影响，服饰的需求也会表现出差异。例如，每个年轻人都希望自己的穿着与众不同，从而显示自己的个性。即使是同一式样的服饰，消费者在选购时对颜色、面料的要求也会表现出差异性，这是人们需求的多样性在服饰消费的具体表现。人们购买力越强，这一多样性越明显。服饰企业在经营过程中需做广泛的市场调查，以了解消费者的特定需求信息，来制定相应的营销策略。

3．消费者需求的周期性

随着社会经济不断发展和人们的生活水平不断提高，出现了低碳经济、高人工成本、个性化、差异化的消费追求，对服饰的需求不论是从数量上还是从质量或品种上都在不断地提高。当一种需求被相对满足了，又将产生另一种新的需求。总的趋势是由低级向高级发展，由追求数量上的满足向追求质量上的充实发展。某些服饰开始受欢迎，过了一段时期后会过时而被淘汰，但经过一个时期后，需求又可能重新产生。

4．消费者需求的层次性

美国心理学家马斯洛（Maslow）曾提出了关于人类的"需求层次说"。这是一个非常重要而基础的需求理论。马斯洛把人类的需求分为五个层次，按照人各种需求的重要性，从低级到高级，从基本到复杂，列为生理需求、安全需求、爱与归属需求、自尊需求和自我实现的需求。例如，人们对服装的生理需求表现在服装的卫生性能，如透气性、抗静电性，服装的安全性表现在服装的牢固度、摩擦力与便于活动等方面。

在满足需求的过程中，需求层次性所呈现出的规律是由低层向高层逐渐发展的，当低层的需求得到基本满足后，就会出现高层次的需求。消费者的需求层次不会永远停留在一个层次上，随着社会的发展、经济文化的改变、生活水平的提高，需求将由低层次向高层次不断提升。另外，不同的消费者由于所从事的职业、经济收入、个人性格和审美观念的不同，需求层次是不相同的。马斯洛的"需求层次说"向人们揭示了人类需求的三个特点。

（1）人的需求是多层次的，而不是单层次的，因而会产生对商品和服务的多层次及多样化的需求。例如，服装有低档、中档、高档之分，有时髦、过时之别，又有千变万化的款式花样等，在分别满足着不同消费者的不同需求。

（2）人的需求是不断提高的，较低层次的需求得到满足之后，就会产生较高层次的需求。这一特点使商品在结构上发生变化。例如，曾一度风行的低档儿童服装正向中高档方向发展，农村服装向城市化服装发展等。

（3）经济发展水平低的地区，因收入限制，人们主要满足基本的需求，而随着经济水平的提高，人们的收入会有越来越大的比例用于较高层次的复杂需求。例如，前几年服装批发市场主要以中低档服装来满足广大农村和城市普通工薪阶层的需求，而近年来有明显档次和品位升级的趋势。

5．消费者需求的伸缩性

消费者需求一般易受外因和内因的影响，具有一定的伸缩性。内因包括消费者自身的需求欲望特征、购买能力和喜爱程度等，外因包括服饰的价格、款式、广告宣传等。两个方面的因素都可能对消费者需求产生促进或抑制作用。服饰由于选择性强，消费者需求的伸缩性就比较大，往往随服饰价格的高低而转移，随购买力水平的变化而变化。例如，外贸服装的时尚性强，可选择性强，带给消费者需求的伸缩性较大，消费者购买外贸服装在量与质等方面往往随购买力的变化、流行趋势、价格因素的变化而有所不同。伸缩性还表现在"可买可不买"的思维过程中。

6. 消费者需求的可诱导性

消费者的需求不是先天就有的，是可以引导和调节的，企业通过成功而有效的市场营销，可以引导、诱发或刺激消费者的需求，使无需求变为有需求，使潜在需求转为现实的购买。企业不应只是生产能满足消费者现实需求的服装，还要做好各种营销工作，诱导消费者的潜在需求，使其实现购买行为。消费需求的可诱导性为企业提供了巨大的市场潜力和市场机会。

案例3-3 "三枪"集团成功抢占少儿内衣市场

国内著名内衣企业"三枪"集团成功地占领成人内衣市场后，注意到了少儿内衣市场。他们发现，长期以来，我国童装存在着内外衣不分的现象。人口资料显示，我国11～15岁的少儿占总人口的26.81%，是一个很大的市场。于是，"三枪"集团从1996年开始试制、试销少儿内衣，之后大批量投放市场。为了使"三枪"少儿内衣品牌深深植入少儿心里，"三枪"集团还成功策划了一系列品牌宣传活动，策划了"征选吉祥物"活动。在短短一个月里就收到了来自全国20个省市的近三万封少儿来信，在此基础上选出了"三枪"少儿内衣的吉祥物"三枪虎"。随后，又配以广告舆论的宣传，"三枪"少儿内衣脱颖而出。同年年底，"三枪"针织精品展在上海展览中心举行。在这次展销会上，"三枪"集团集中推出了少儿内衣系列，在参展的14个系列5 000多个品种中成为热销的产品。

7. 消费者需求的互补性和互替性

消费者的服饰需求具有互补性特点。在市场上，人们常常看到某种服饰的销量减少而另一种销量在增加。例如，自然纤维面料的服饰增长会使化纤面料的服饰相对减少；又如，长裙的流行会影响短裙销量。这就要求企业及时根据市场发展趋势，适应市场需求变化，有目的、有计划地根据市场需求信息生产适销的服饰产品。

3.2 服饰用品营销策划知识

3.2.1 服饰市场营销的概念

服饰市场营销是现代市场营销学理论和方法在服饰企业营销实践中应用的理论概括，是服饰企业运用市场营销学的基本原理、基本方法等理论依据，吸收服饰设计与工艺、服饰工程学等有关学科的知识和成果，结合服饰企业的营销特点，不断满足消费者需求的过程。这个过程包括服饰市场调研与预测、服饰市场细分与定位、服饰市场产品策略制定、服饰定价策略制定、服饰分销渠道策略制定、服饰促销以及售后服务等一系列活动。

美国消费者协会提出："我们现在正从过去的大众化消费进入个性化消费时代，大众化消费时代即将结束。现在的消费者可以大胆地、随心所欲地下指令，以获取特殊的、与众不同的产品和服务。"

案例3-4 "衣语无香"的个性化营销——用"家"的理念来服务客人

"衣语无香"是一家买手制服装连锁店,从上海小弄堂的一个门店,变成拥有10余家分店、2 000余名固定会员的连锁品牌,这是"衣语无香"创办人、买手张瑜没有想到的。如今的她常想两件事:一是如何为客人挑到合适的衣服,二是提供一个没有压力的购物环境。为了这两点,张瑜成立了"衣语会",以"家"的理念为她的会员服务(入会的门槛并不高,在"衣语无香"累计消费5 000元或办理同样价值的会员卡,即是会员)。会员除了日常消费享受折扣外,还有自己的档案群来记录身形、职业背景,以使"衣语无香"为其挑选合适的服饰。同时,"衣语无香"不定期为会员举行丝巾搭配、精油护理等课程;会员在挑衣服之余,还能品茶、读书甚至开时尚沙龙。更重要的是,会所里还有专业的造型老师提供选购服装和整体造型方面的指导。

买手店是一种由欧洲人开发的商业模式,也被称为买手式经营,是指以目标顾客独特的时尚观念和趣味为基准,挑选不同品牌的时装、饰品、珠宝、皮包、鞋子以及化妆品等商品,将其融合在一起的店面。在我国香港、台湾地区,这种店铺通常位于商场内,是一间独立的店中店。买手店是一个新兴的时尚标签,越来越受到"潮人"①和追求时尚的人群的追捧。

 知识拓展3-1 服饰市场的类型

(1)按交易范围划分,服饰市场可以分为国内市场和国际市场。国内市场又可以分为城镇市场、农村市场、本地市场和外埠市场,国际市场又可以分为北美市场、欧盟市场、东南亚市场等。

(2)按经营范围划分,服饰市场可分为综合市场和专业市场:①综合市场,如百货商场的服装部、饰品部等;②专业市场,如牛仔装市场、女装市场、运动装市场等。

(3)按年龄划分,服饰市场可分为老年服饰市场、青年服饰市场、儿童服饰市场等。

(4)按购买者目的划分,服饰市场可分为服饰消费者市场和服饰组织者市场。

3.2.2 服饰用品营销的特征

服饰行业和服饰市场的特点,决定了服饰市场营销与其他商品的市场营销不同,具体表现如下:

1.相对小的规模

由于服饰行业缺乏规模效应以及多品种、小批量的发展趋势,服饰企业的实体规模相对较小。即使是集团化和连锁经营,也与百货连锁、钢铁企业、化工企业不能相比。

2.外延的节约度

服饰行业的快速发展和成熟与外延节约度有关,服饰行业除了与纺织、商业、物流有关外,还与信息、出版、影视、文化、娱乐、教育、科研、服务业等有关。这种趋势给服饰营

---

① "潮"即潮流、时尚。潮人从字面理解,即时尚的人、思想超前的人。

销带来了相当大的难度，但也给服饰营销创造了弹性空间。

 案例 3-5 服装产品代言人选择应与服饰品牌的特质相吻合

服装的属性是魅力、时尚。服装产品要选择具备与服装品牌吻合的特质——魅力、时尚的代言人！因为代言人穿着服装的魅力，会让消费者认为自己穿上后肯定也不错，从而引发追随、模仿，名人的魅力越大，转移到服装上的魅力也就越大！

关于这一点最生动的例子莫过于20世纪80年代因电视剧《上海滩》引发的"许文强"服装热潮，因为演员周润发饰演的许文强帅到极点，于是电视剧中许文强的服装打扮——风衣、白围巾等也风靡全国，成为男士们必备的穿着。

周润发的"许文强"形象是魅力男性的代表，其着装引发男性的模仿、追随。

国内成功的品牌雅戈尔在选择代言人方面无疑是可圈可点的，雅戈尔的形象代言人是著名的歌星费翔，选择费翔的成功之处不仅体现在他是一个名人，更重要的是费翔身上的魅力，一种富有优雅、绅士气息的形象魅力。这种魅力增添了雅戈尔服装优雅、绅士般的气息，从而引得消费者的模仿、追随。

多数产品都要考虑代言人年龄和目标人群的一致性。因为代言人的年龄直接决定了消费者对产品目标客户群的认知。

3. 灵活的经营模式

快速的市场变化、多样的市场细分，要求服饰企业在经营方式上必须做到灵活。例如在服饰零售过程中，将买断、代销、特许加盟、许可经营和公司连锁等组成各种灵活的经营模式结构。当然，服饰行业也出现了一些新的销售渠道，如新兴服装城、服饰销售联营体、服饰展销会、服饰邮购等经营模式。

4. 经营上的不断创新

不断创新要求服饰企业在服饰设计、服饰营销管理等各个方面都应不断创新，以适应市场变化。例如1991年夏季，国内时装市场发生了一个大事件，就是文化衫的流行。在之后的两年时间内一直是文化衫当道，可没想到红火两年后消费者会突然弃它而去。因此，对于服饰企业来讲必须不断创新，不断推出新的产品和制定新的营销策略以适应市场变化的需求。

5. 快速反应和敏捷零售

服饰本身的流行性、季节性以及服饰的不断推陈出新，决定了服饰企业在进行产品营销过程中必须不断创新，对消费者的需求和市场环境变化快速反应，同时减少企业库存的风险和压力。

3.2.3 服饰用品营销策划的要求

服饰是人们永久性的消费主题之一，因此对服饰营销策划的研究也就有其永久性的意义，其意义包括两方面：一是使服饰的营销效益达到最优化，二是让顾客的满意程度达到最大化。这两个方面相互影响、相互制约，又相辅相成。

1. 要有不断创新的理念

服饰用品营销策划一定要有创意，表现为策划的"点子"要新、内容要新、表现手法要新，这是营销策划的核心内容。目前国内很多自主品牌服饰企业的发展都遇到了很大的瓶颈，过去粗放型的扩张方式已不再适应市场发展，新市场要求服饰企业要有精细化的经营管理与个性化的品牌定位。

 案例 3-6 全新营销观念使古格再创销售佳绩

古格销售佳绩的创造，首先源于其精准的客户定位，以 85 后、90 后等消费群体为消费主体。这股强势购买主体更加追求潮流时尚，独具个性且消费习惯快节奏，传统内衣品牌已无法跟上他们的脚步，这就要求企业改变传统来适应目标消费群。

其次古格倡导的一站式时尚家居购物平台，在品类、性价比上大做文章。古格主营产品有家居服、少女内衣系列、内裤、泳衣、背心、热裤六大类共计 19 类产品，款式多达 1000 多款，每个季度推出 400～600 款新品，风格涵盖众多消费者的需求，极具性价比的产品确保经销商大卖，引爆时尚潮流，让每一个到门店的顾客都能选到适合自己的产品。

最后是古格独特的终端店面形象，无论是直营店铺还是加盟商家，都使用统一的品牌门店形象。因为消费者对商品的信息 80%以上由视觉获取，视觉效果是店面销售的核心要素。古格以个性、独特的店面风格，丰富、跳跃的产品色彩，温馨典雅的整体布局，以及时尚、新颖的陈列方式组成强烈的冲击性视觉效果。在销售过程中，一个优质的视觉效果，能更好地向顾客传达品牌形象，宣传商品，提高门店销售业绩！

2. 策划应注重系统性

服饰营销策划是一个系统工程，其系统性具体表现为两点：①营销策划工作是企业全部经营活动的一部分，营销策划工作的完成依赖于企业其他部门的支持和合作，并非营销一个部门所能解决。例如，产品质量、服装款式、货款回收等就分别需要生产部门、设计部门、财务部门的员工配合。②进行营销策划时要系统分析诸多因素的影响，如宏观环境因素、竞争情况、消费需求、本企业产品及市场状况等，需将这些因素的有利一面最大限度地利用起来，为企业的营销策划服务。

3. 策划要有可操作性

服饰营销策划将用于指导营销活动，其指导性涉及服饰营销活动中每个人的工作及各环节关系的处理。因此其可操作性非常重要。不可操作的策划方案再好也无任何价值。不易于操作也必然要耗费大量人、财、物，管理复杂、成效低。

4. 准确进行市场定位

服饰产品市场定位前必须要进行市场调查。在对同行业服装设计、销售、价格、服务水平等方面充分调查的基础上，敏锐发现其他企业的不足与市场缺口，及时填补这些不足与缺口，并以此为定位依据，甚至可再进一步突出优势，让他人望尘莫及。另外，企业所有服饰的总体风格应和谐统一，款式多样而不杂乱。

5. 顾客导向原则

服饰营销策划必须从顾客和市场的需要出发，以买方（顾客）为出发点，最大范围和最快地捕捉和满足顾客的需要和欲望，降低顾客成本，给顾客带来各种便利，与顾客实现有效沟通。

案例 3-7　纳迪亚服饰营销策划案例纪实

一向以情侣装决胜于大众休闲服市场的纳迪亚，面临两大问题：其一，"情侣"概念狭窄，相对于广泛人群的目标群体，"情侣"的定位会失去例如亲子、班服、社团服等市场；其二，从精神传播层面来说，纳迪亚较大一部分消费群体是学生族，"情侣"的定位显然会不符合父母对子女的期望。

为此，纳迪亚一方面扩大"情侣"的外延，在品牌层面上赋予"情侣"更深层的价值，使之扩展到代表"泛人群"的文化，以"分享"为核心价值出发，由现有的情侣服拓展延伸至亲子服、姐妹服、家庭服、班服、社团服……于是，纳迪亚在大众休闲服领域中开创了"分享型休闲服"这一全新品类，并以此独占这个领域中的第一位置。另一方面，寻求专属于纳迪亚的代表"分享"的符号，由品牌核心价值"分享"出发，寻找和品牌核心价值高度吻合的动作、色彩、图案，使之传播符号化，代言专属化。选择当红的人气偶像王心凌和郑元畅作为代言人，品牌口号也应运而生：总有一个人分享你的世界。

经过一系列的营销策划活动，纳迪亚品牌形象全面提升，闪亮登场，广告片在各大卫视轮番播放，品牌知名度火速提高。

知识拓展 3-2　服饰市场营销的发展趋势

（1）网络营销。网络营销是以互联网为媒体，以新的方式、方法和理念实施营销活动，更有效地促进个人和组织交易的实现。而服装网络营销是一种建立在互联网上的新型营销模式，服装网络营销的市场已开始并迅速增长，在一些发达国家，品牌服装上网已成为一种趋势。

（2）定制营销。定制营销是根据用户需求量体裁衣的营销方法。它与一般分销流程有很大区别。例如当你想买服饰时，你就会得到服饰公司为你量体定制的服饰产品，且服饰的款式、图案和色彩完全符合你的审美和个性化需求。

（3）绿色营销。绿色营销是在人们追求健康、安全、环保等意识形态下所发展起来的一种新的营销方式和方法，其核心是注重环保和生态。例如，西班牙时装设计中心推出了生态时装；杉杉西服紧扣环保生态平衡绿化的主题，确定了杉杉在社会中的公众形象。

岗位技能训练

实训 1　搜索技能训练——服饰用品公共关系方案搜索

【实训目的】
（1）能搜索到一份完整的服饰用品公共关系策划方案。
（2）能清晰表达出该服饰用品公共关系方案的内容。

（3）能总结归纳出该服饰用品公共关系策划的特点。
（4）能简要说出选择该服饰用品公共关系策划方案的理由。

【实训指导】

（1）布置任务：将学生按每组 6~8 人的标准划分成若干个任务小组，每个小组成员搜寻一份服饰用品公共关系策划方案。

（2）搜索选择：各小组成员总结归纳自己所搜寻到服饰用品公共关系策划方案的特点，列明选择该服饰用品公共关系策划方案的理由，之后形成服饰用品公共关系策划方案实训报告。

（3）课堂陈述：各小组成员上交服饰用品公共关系策划方案实训报告，由指导老师从每组中选择一份具有代表性的服饰用品公共关系策划方案实训报告，并邀请其代表小组上台陈述。

（4）评价效果：各小组代表陈述后，指导老师点评该次服饰用品公共关系策划方案实训的情况，并由全班同学无记名投票，评选出该次实训的获奖小组，给予表扬与奖励。

【实训模板】

穿得时尚，活得漂亮
——××大学校园服饰品牌折扣店公关策划

一、活动主题

1. ××大学校园折扣店 2014 年 12 月~2015 年 3 月公关促销活动：结合此次活动时间的特殊性（圣诞、元旦期间）及活动的主要、次要目标人群，本店依据这些人群喜欢什么、容易关注什么话题以及学校的一些大事记等，来确定此次活动的主题。

2. 结合以上原则，本次活动的整体主题是"穿得时尚，活得漂亮"。中间穿插的主题是："当'店铺形象大使'，赢 1 000 元大奖！""雪花依然，爱你依旧！""让身体也运动起来""圣诞元旦特惠，店铺 VIP㊀招募月"。

二、活动目的

现在商家促销都离不开这样几种方式：打折、买赠、抽奖、返现、联合促销等。最为普遍使用的就是打折，商家的折扣越来越低，但对消费者的吸引力也越来越低；况且折扣越低，而没有一个好理由的话，对品牌的损伤就越大。我店以前所做的刮刮奖、买赠等方面的促销，同学们的意见不一，但总体上来说是不成功的。

由于店铺的风格转型等原因，使得店铺在品牌建设方面还没有到位，我们的品牌形象不甚清晰。查看并分析以前的广告，发现我们的广告没有一个明确的形象主题。

因此，我们这次连环促销活动的整体目的是：

1. 提升圣诞、元旦期间店铺的销量。
2. 提升店铺在目标消费者及潜在消费者中品牌的知名度、美誉度和忠诚度。
3. 塑造店铺的形象——关注时尚、鼓励时尚和推进时尚。
4. 连环促销的后续促销能够连贯进行，同时能从竞争者手中抢到更多的消费者，增加回头客的购买率。

三、活动时间与地点

时间：2014 年 12 月~2015 年 3 月。

地点：××大学。

㊀ Very Important Person，直译为"非常重要的人"，这里是指贵客。

四、活动对象

1. 此次活动的目标群体是喜欢时尚、喜欢追风的女同学。
2. 已经持有公司 VIP 卡的顾客是这次促销的主要目标人群。
3. 其他品牌的顾客或者对品牌没有稳定选择的顾客是这次促销的次要目标人群。
4. 此次促销在××大学和其他院校连锁店中进行。

五、活动方式

1. 当"店铺形象大使",赢 1 000 元大奖

从活动开始之日起,凡购买任何一款服装的客户都可以领取一张参加评选"店铺形象大使"的申请表。完整正确填写表格并提供一张个人艺术照或生活照(全身照)交到购买店,店铺工作人员将资料汇总。店铺在学校网站上面新开一个专题评选栏作为此次评选活动的官方网站。评选方式采取网上投票,人气最高的前十名候选人将成为"店铺形象大使",并奖励现金 1 000 元,人气最高的第一名选手除领取奖金外还可以获得店铺的至尊 VIP 卡(新款商品可以享受 7 折优惠,特惠商品除外)。另选出前 10~50 名选手发放价值 100 元左右的时尚礼品。前 50~100 名选手可以得到明星卡通玩偶、太阳帽等精美小礼物。

2. "雪花依然,爱你依旧"

3 月份开学之后,凡在本店铺购买情侣款服装的同学均可享受 5 折优惠,购买衣服满 99 元返还 20 元、满 199 元返还 50 元。在购买衣服的同时,除了可以享受折扣之外,每天来店购买的前三对情侣均可得到精美小礼品。

3. "让身体也运动起来"

学校在 12 月份会举行冬季运动会,凡是在本店铺购买运动类服装的均可享受到 5~7 折优惠。在活动期间大批量购买球服、队服的顾客可以享受 3 折优惠。同时凡本店会员在运动会期间都可以免费领取棒球帽一个。

4. "圣诞元旦特惠,店铺 VIP 招募月"

在进行"店铺形象代言"活动的同时进行此项活动。"店铺形象代言"活动的获奖者到店领取奖品,当然也可以让亲友代为领取奖品(但必须持获奖者的有效证件),领取奖品的同时只需购买任意一件产品就会成为 VIP 会员。另外,老会员在本月可以享受到双倍积分的优惠。

六、项目实施

1. "店铺形象代言"活动

(1)活动从 2014 年 12 月 1 日开始,在 11 月 30 日之前做完所有准备工作,包括海报、横幅、气球、报名表以及各种礼品。

(2)同学校网站联系,将活动信息以及评分系统登在网站首页。

(3)报名截止时间:2015 年 1 月 10 日。

(4)评选结果网上公布时间:2015 年 1 月 30 日,同时开始接受礼品领取登记。

(5)礼品领取时间:2015 年 3 月 10~30 日,并对获得代言的同学在校报上进行公布。

2. "雪花依然,爱你依旧"情侣活动

(1)12 月 1 日,正式开始着手情侣活动。该活动的目的在于刺激消费。

(2)在 11 月 30 日之前做好准备工作。主要是通过各种媒体进行活动宣传,在校园里张贴海报、通过校园广播站进行宣传、在学校贴吧进行宣传等,并且将赠送的礼品准备好。

(3)活动时间:2014 年 12 月 1 日~2015 年 3 月 30 日。

3. "让身体也运动起来"运动风暴活动

（1）该活动主要与学校运动会同时进行。在运动会期间进行产品优惠活动。

（2）在运动会开始之前，利用各种传播媒体对活动进行宣传，并将棒球帽等赠送物品准备就绪。

（3）在运动会期间，对店铺进行宣传，并对运动会给予一定的赞助，对获奖的运动员给予至尊VIP卡，享受本店折扣优惠。

（4）活动时间与学校运动会时间一致。

4. "圣诞元旦特惠，店铺VIP招募月"活动

（1）2015年1月1日，对"店铺形象代言"活动进行后续活动宣传，再次引导参评选手发动亲友进行最后的投票冲刺。

（2）2015年1月30日"店铺形象代言"活动正式截止。此时对后续活动进行详细的宣传，吸引更多的人关注本店，扩大本店在整个学校的影响力。

（3）通过更多的会员加入以及老会员的升级，为下一季的产品销售带来顾客。

七、费用预算（见表3-1）

表3-1 费用预算

活 动 项 目		金额/元
活动前期的宣传费用	海报制作费用	200.00
	校园网站制作费用	100.00
	校园广播费用	100.00
	校报刊登费用	50.00
	报名表印刷费用	150.00
	大型活动场地设计费用	500.00
	会员卡、VIP卡工本费	200.00
活动中的物品费用	代言奖金	1 000.00
	精美小礼品	200.00
	明星卡通玩偶	200.00
	太阳帽	200.00
	棒球帽	240.00
	旅游水瓶	280.00
其他费用	景区门票获取费用	920.00
	雇佣临时促销费用	500.00
费 用 总 计		4 840.00

八、效果预估

1. 将近四个月的公关活动，不仅提高服饰店在学生中的影响力，而且也提高该店在本行业中的竞争力。在连环的公关促销活动下，加深学生对服饰店的良好印象，提高知名度和美誉度，同时扩大服饰店的销售额。

2. 在发展店铺的同时，兼顾学校的利益，获得双赢。虽然服饰店是学校中的一个小店，但一切活动从实际出发，结合学校实际、结合学生实际，在提高学生物质生活的过程中提高商店销售额，提高学生的自我修养及审美情趣，活跃校园氛围，达到共赢。

3. 充分利用校园媒体进行宣传，媒体的力量是无穷的。服饰店的公关策划时刻没有离

开媒体,不管是网络媒体还是报刊媒体,都对这次活动起了积极的宣传作用。通过宣传不仅扩大影响,提高知名度,也引起社会的关注,为店铺的发展提供很大的帮助。

4. 在活动中注重细节,取得成功,获得顾客的一致好评。公关活动举行后,学生的购物热情高涨,同时也激起广大学生参与活动的兴趣。在礼品免费赠送的过程中,注重礼貌,注意素质,为学生提供优质的服务,获得广大学生的好评。

实训 2　策划技能训练——服饰用品公共关系方案创作

【实训背景】

为了切实提高"蓝雁"服饰的知名度和美誉度,使消费者树立对企业产品的消费信心,成为"蓝雁"的忠实朋友,从而有效地提高"蓝雁"服饰秋冬季节的商品销售量。"蓝雁"服饰拟在大一新生入学报到开始到 11 月开展主题为"青春、流行、创造"的公共关系策划活动。公共关系策划活动以借助新闻媒体、赞助社会公益事业、举办有影响力的活动、展览会、特殊纪念活动等来开展企业营销。

淄博蓝雁集团服饰有限责任公司地处齐鲁历史文化名城——淄博,是集纺纱、织布、染整、服装为一体的牛仔产品生产企业,系全国百家最大纺织企业之一。试根据以上的背景资料,为"蓝雁"制定一份内容创意鲜明的公共关系活动策划方案。

【实训要求】

(1)能认识并实现组织分工与团队合作。
(2)能撰写出符合格式要求的"蓝雁"服饰公关活动方案。
(3)能整理总结出"蓝雁"服饰公关策划课题分析报告。
(4)能清晰地口头表达出"蓝雁"服饰公关方案策划实训心得。

【实训指导】

(1)组建实训课题小组:将学生按每组 6~8 人的标准划分成若干课题小组,每个小组指定或推选出一名小组长。
(2)确定实训小组课题:每个小组根据"蓝雁"服饰公关方案策划背景资料的要求,完成一份"蓝雁"服饰公共关系创作方案的策划。
(3)实施策划课题研究:各小组长根据"蓝雁"服饰公共关系方案策划的计划,调配资源,明确各组员的任务,并督促大家有效地完成任务,包括"蓝雁"服饰公关活动方案的草拟、修改和定稿,"蓝雁"服饰公关策划课题分析报告的撰写、打印,以及小组发言等。
(4)撰写实训课题报告:每个小组完成一份"蓝雁"服饰公关方案策划的课题分析报告。
(5)陈述策划实训心得:由各个小组推荐的发言人或小组长代表本小组陈述实训课题分析报告和实训心得。

知识训练

一、判断题

1. 服饰就是指我们平时所穿的服装。　　　　　　　　　　　　　　　　　　(　　)

2. 购买××牛仔裤可免费修改裤长是服饰整体概念的形式产品。（　　）
3. 服饰的流行性具有一定的周期性、短暂性和普遍性等特征。（　　）
4. 服饰的需求总的趋势是由低级向高级发展，由追求数量上的满足向追求质量上的充实发展。（　　）
5. 消费者购买外贸服装在量与质等方面往往随购买力的变化、流行趋势、价格因素的变化而有所不同，这是指消费者需求的可诱导性。（　　）
6. 服饰用品营销策划的核心内容是要有不断创新的理念。（　　）

二、选择题

1. 某服饰品牌想降低产品价格，提高其销售量，能收到较好效果的情况是（　　）。
   A. 产品需求缺乏弹性　　　　　　B. 产品需求富有弹性
   C. 时装　　　　　　　　　　　　D. 名牌产品
2. 日常穿着的各类衣、裤、裙、袍、袜子和佩戴的饰件属于（　　）范畴。
   A. 成衣　　　　　　　　　　　　B. 时装
   C. 服装　　　　　　　　　　　　D. 服饰
3. 下列（　　）行业的营销特征具有相对较小的规模。
   A. 百货连锁　　　　　　　　　　B. 钢铁
   C. 服饰　　　　　　　　　　　　D. 化工
4. 中国的旗袍、日本的和服、印度的纱丽是指服饰用品特征的（　　）属性。
   A. 社会性　　　　　　　　　　　B. 民族性
   C. 地域性　　　　　　　　　　　D. 精神性
5. 长裙的流行会影响短裙的销量，这体现消费者的服饰需求具有（　　）。
   A. 互补性和替代性　　　　　　　B. 层次性
   C. 周期性　　　　　　　　　　　D. 多样性

三、案例题

1. 海蓝色涤纶布鞋不同待遇的案例分析

山东光明鞋厂生产了一种海蓝色涤纶布鞋，很受市场欢迎，不少用户前来订货。为了优待老用户，该鞋厂主动给滨州一家大商店分配了一部分新产品。不久，这家商店却来信要求退货，厂家百思不得其解，便迅速派人前去调查。原来滨州地区的风俗是只有在办丧事的时候，妇女们才穿这种颜色的布鞋，以示哀悼。布鞋款式虽新，但颜色却为社会所忌讳。于是，抢手货变成了冷门货。

后来，该鞋厂去外地征求订货时，销售人员偶然听说山东省即墨市一带有个风俗：每逢寒食节，所有头一年结婚的新媳妇都要给七大姑八大姨每人送一双鞋。他们便马上组织生产了4 000多双不同规格的布鞋，赶在寒食节的前几天发货到即墨市，结果不到一天便售完。

分析：
同一厂家两次推销的不同结果说明了什么？

2. 香港旭日企业价格策划案例分析

香港旭日企业在中国休闲服市场上属于营销出色的公司，它旗下的"真维斯"品牌服装在中国的销售额超过20亿元。20世纪90年代中后期，休闲服品牌越来越多，市场竞争越来越激烈，如何调整"真维斯"产品的市场定位，做大自己的市场份额，摆在了"真维斯"决策者面前。通过大量的市场调研，公司提出了大众化名牌策略，在产品的组合与价格上进行了重要的战略调整，一方面将目标顾客的年龄结构下移，另一方面，通过时尚设计与低成本组合，大幅度降低产品价格定位。通过市场策略的调整，"真维斯"产品在中国市场上的销售份额得到了快速增长。

分析：

（1）引起"真维斯"产品价格定位下调的原因有哪些？

（2）在实施大众化名牌战略过程中，你认为可能出现哪些问题？请给出建议。

第 4 章　家电产品营销策划

目的要求

1. 能叙述和列举家电产品的概念和分类。
2. 能叙述和列举家电产品的特征。
3. 能熟读和列举家电产品需求的特征。
4. 能熟记和列举家电产品营销的特征。
5. 能叙述和应用家电产品营销策划的要求。
6. 能综合运用本章知识剖析现实案例。
7. 能依据案例背景撰写家电产品广告策划方案。
8. 能撰写家电产品广告策划方案技能训练报告。

重点难点

1. 家电产品的特征。
2. 家电产品营销的特征。
3. 家电产品营销策划的要求。
4. 家电产品广告策划方案的撰写。

案例导读

智能电视利益大战：IT公司博弈家电企业

2013年8月1日，阿里巴巴发布了阿里智能电视操作系统，同时联手华数传媒推出了首款搭载该系统的智能机顶盒产品"阿里盒子"，并称已建立阿里智能电视（TV）生态系统，创维、长虹、康佳、海尔等彩电厂应邀加入该系统。

海尔率先公开确认将推出基于阿里智能电视操作系统的智能电视。

据阿里巴巴介绍，阿里智能电视操作系统除了将为用户提供视频影音内容及增值服务外，其最大的特点便是加入了电子商务及网络支付功能，目前已经接入了淘宝聚划算、支付宝及水、电、煤气缴费等功能。

依据阿里巴巴的构想，其智能电视联盟计划与更多的厂商、第三方开发者及服务提供商合作，推出专门针对智能电视的应用市场，力求打造全新的智能电视生态平台。

从长远来看，阿里巴巴是在提前布局电视端，以抢占先机，从而将阿里巴巴在互联网和移动互联网领域的优势，顺势延伸到电视购物领域。阿里巴巴布局电视操作系统后，最先受到冲击的行业是传统的电视购物，这是模式变革带来的新旧冲击。另外，一旦阿里巴巴完成布局，掌控电视购物市场主导权，阿里巴巴对各大电商同行的分流作用也就会越来越大。基于此，不排除各大电商将会在阿里巴巴的带动下纷纷跟进智能电视购物市场。

阿里巴巴的"智能电视梦"对传统电视厂商来说既意味着"危"，也意味着"机"。"危"是自己的传统业务领地开始跑进来一些巨型的抢食者；而"机"在于以海尔为代表的传统电视厂商选择与阿里巴巴的合作，类似手机硬件厂商三星推出不同操作系统的智能手机，意在给自己多一种选择和机会。毕竟庞大的智能电视市场，"海尔"们不愿意拱手让给"阿里巴巴"们。

目前智能电视市场是一片蓝海，尚没有出现巨头，谁都可能成为赢家。时下包括阿里巴巴在内的多个互联网公司，均在尝试将互联网的服务、运营模式引入电视行业；与此同时，智能电视也是传统电视厂商转型的蓝海，都在积极寻求与互联网结合，包括海尔、三星、康佳、长虹等在内的传统家电企业都推出过"智能电视"，全部采用搭载安卓平台，并开展与多行业互联网企业合作的方式，寻求转型突破。国内外互联网企业、制造业企业都想涉足这一市场。

4.1 家电产品基础知识

4.1.1 家电产品概述

1. 家电产品的整体概念

家电产品，又称民用电器、日用电器，主要是指在家庭及类似场所中使用的各种电器和电子器具。

从市场营销观念来看，家电产品的整体概念是指人们通过购买或租赁家电产品所获得的需求的满足，包括能满足顾客某种需求和利益的有形产品和无形服务，它包括核心产品、形式产品、期望产品、附加产品和潜在产品五个层次。

（1）核心产品。核心产品是指顾客购买某种产品所追求的基本利益，它是顾客真正要买的东西。消费者购买某种家电，就是为了获取能满足其某种需要的效用或利益，并不是为了占有产品本身。例如，洗衣机的清洁功能、冰箱的制冷功能、电视机的影像功能。

（2）形式产品。形式产品是核心产品的载体，即向市场提供的实体和无形产品的形象，通过产品的质量、款式、特色、品牌和包装等特征表现出来。例如，冰箱的核心产品是制冷、对食品保鲜，但要取得竞争优势，必须在产品的形式上做文章，通过提高质量来满足其经济性需要，通过改良外观来满足其审美的需要，通过创立名牌来满足其精神上的需要等。

案例 4-1　外观精美、功能贴心的小天鹅洗干一体机

小天鹅 TD70-1229E（S）洗干一体机外观设计简约而不简单，典雅时尚精美至极，强大的洗衣、干衣功能，让用户赞不绝口，人性化的细节设计，充分关怀用户。变频电动机设计，高效节能又洁净。此外，该机还拥有智能探测设备自动感知筒内温度和湿度，可智能设定烘干时间，使烘干更准确，避免烘不干和烘干过度损坏衣物。

以下这些设计细节也非常贴心：

其一，安全童锁功能设定，避免小朋友因好奇心驱使，"研究"正在运行的洗衣机而带来的麻烦。

其二，标注清晰的控制旋钮设计，所有功能都一一显示也不会显得杂乱。人性化的双向旋钮设计，避免在选择程序时因不小心转过而重新设定的烦恼；而其中途添衣功能，特别适合那些马马虎虎的人，洗衣机已经开始运行了，发现还有一件没有放进洗衣机，"没关系"，长按3秒暂停键，即可随时添加漏下的衣物。

其三，该机采用双层舱门，隔音效果更好，洗衣过程安静、安全。

其四，在洗涤方面，这款洗衣机不仅针对不同衣料设置特定洗涤方式，还提供快洗、经济洗、活性酶、高温自洁等人性化洗涤程序，其强劲漂洗及强力去污功能赋予了洗衣机强大的洁净力，全方位满足用户的洗涤需求。此外，它还设有强烘干、弱烘干两种烘干方式，非常实用。

其五，全不锈钢内筒，经久耐用，减少细菌滋生；同时S形举升筋设计，大大提高了衣物洗净度；多孔喷淋口设计，也使洗衣更干净，清除洗衣机内部残留物更专业。

其六，这款洗衣机还设置了预约洗功能，洗涤时间随意设置，十分适合上班族和分时电价地区。

（3）期望产品。期望产品是指购买该产品时，期望得到的与产品密切相关的利益。例如，购买微波炉时附带微波炉专用的蒸蛋器、蒸饭锅、玻璃容器、微波炉菜谱等。

（4）附加产品。附加产品是指购买产品时所获得的全部附加服务和附加利益，如免费送货、安装、售后服务等。例如，索尼公司不仅提供摄像机，还协助消费者解决拍摄上的困难，包括提供购买零件保证书、免费操作课程、快速维修服务和咨询任何问题及疑难的免费热线电话等。再如，海尔中央空调在整合了行业专家资源之后，创新地推出了自己的专业安装公司，它对海尔中央空调的质量全程负责，彻底解除用户的后顾之忧。不仅如此，海尔中央空调安装公司还承接各类中央空调的设计、安装、监理和维保，从而消除了中央空调生产企业和安装企业推诿扯皮的现象。

案例 4-2 净水市场未完全放量 行业发展需三方协作

近几年来，随着人们对健康和高品质生活的追求，净水市场正在慢慢升温，中国的净水市场发展十几年，但就目前而言，至今仍未达到行业期许的份额，归结起来有很多原因，如企业自身发展的困顿、行业标准的缺失、消费者消费观念需要引导等。

目前，国内很多知名的净水器品牌都开始注重完善售后服务，但是净水机产品的售后服务却让企业叫苦不迭。因为净水产品类似于汽车，属于持续性消费产品，滤芯需要定期更换，这需要强大的售后队伍对消费者进行追踪服务。令人尴尬的事实是，由于净水设备在市场中份额较小，很难养得起售后维修队伍。如果企业自建售后维修队伍，那么意味着更高的成本将转嫁到消费者头上，消费者很难"买账"；但是如果没有专业的维修队伍，售后服务跟不上将更直接影响消费者对净水产品的满意度。

在国外，净水机产品比较普及，消费者完全可以自己动手更换净水机的零部件。就目前而言，国内净水产品实现消费者自己动手维修还有一定的难度，这其中，不仅有消费者动手能力较弱的原因，企业产品设计也是原因之一。为了解决产品售后服务难以跟进的难题，许多企业开始探索新的净水产品形式。

我国净水器发展初期，行业准入门槛较低，进入的企业大多规模较小，技术力量相对薄弱，产品质量参差不齐。此外，假冒伪劣产品也充斥市场，一些仿冒产品往往以极低的价格进行销售，以次充好。消费者在购买净水设备之后无法得到相应的售后服务，很多净水机在出售之后就变成了"孤儿机"。在这样的情况下，消费者对净水机产品的信任度只会越来越低，净水机市场受限，进一步发展往往因此受限。很多正规的净水设备生产商对破坏行业信誉和规则的企业感到十分无奈。到目前为止，净水行业还没有一个统一的标准，这也是造成行业乱象的原因之一。

目前，格力、美的等知名的家电企业开始进入净水领域，可以加大行业发声力度，促进行业标准及早建立，规范行业乱象。净水行业的发展离不开企业自身的努力和标准的建立，同时也需要国家相关部门的监管，维护净水行业的健康有序发展。

（5）潜在产品。潜在产品是指包括所有附加产品在内的，可能发展成为未来最终产品的潜在状态的产品。例如，彩色电视机可发展为录放影机、计算机终端机、互联网应用端。

2. 家电产品的分类

家电产品的范围，各国不尽相同，世界上尚未形成统一的家电产品分类法。目前，主要有以下几种分类方法：

（1）按照使用目的不同，通常分为两类：家用电器产品与家用电子产品。

1）家用电器产品是将电能变成热能、光能和机械能的产品，是以利用能源为目的的产品，如电冰箱、空调、电炊具、洗衣机等属于家用电器产品。

2）家用电子产品是利用电压、电流进行信息的产生、传输、储存和处理的产品，如电视机、影碟机、音响、家庭影院等属于家用电子产品。

（2）按照具体用途分类，可分为取暖设备、制冷设备、清洁设备、照明设备、音像设备、其他设备等。

（3）按照能量转换的方式分类，可分为电热设备、电动设备、制冷设备、照明设备等。

 知识拓展 4-1 家电产品发展历史

第一阶段主要用于传递信息，以声、光手段为主。例如，一开始的收音机（戏匣子）、电唱机、手电等。

第二阶段部分代替手工，早期的冰箱、洗衣机、吸尘器、电熨斗、电视、空调等。

第三阶段计算机和仿生学被引进家电产品，这个时期出现了彩色电视机、立体电视机、全自动洗衣机、自动抽油烟机等。

第四阶段互联网概念被引入家电产品，人们可以通过互联网控制某些电器，达到远程遥控、互联互通的效果，使家电产品更加人性化。

第五阶段智慧物联的概念被引入家电产品，通过物联网技术赋予所有家电产品以智慧，使其感知使用者的需求、听从使用者的命令，并具有记忆、存储等能力。

 知识拓展 4-2 黑色家电、白色家电、米色家电和绿色家电

在国外通常把家电分为四类，即白色家电、黑色家电、米色家电和新兴的绿色家电。白色家电是指可以替代人们进行家务劳动的产品，包括洗衣机等，或者是为人们提供更高生活环境质量的产品，如空调、电暖器等。黑色家电是指可提供娱乐的产品，如DVD⊖播放机、彩色电视机、音响、游戏机、摄像机、照相机、电视游戏机、家庭影院、电话、电话应答机等。米色家电是指计算机信息产品。绿色家电是指在质量合格的前提下，可以高效使用且节约能源的产品，绿色家电在使用过程中不会对人体和周围环境造成伤害，在报废后还可以回收利用。

黑色家电最早来源于采用珑管显示屏的电视机，最外面有一圈黑色的边缘，黑褐色的外壳最不容易让消费者产生视觉反差，同时采用黑色的机身更容易散发热量，之后电视机及其周边设备，如家用游戏机、录像机等，由于散热以及与电视产品搭配等原因往往也被设计成黑色。于是人们就开始把能够带给人们娱乐、休闲的家电称为黑色家电。从其技术本身来讲，黑色家电更多的是通过电子元器件、电路板等将电能转化为声音、图像或者其他能够给人们的感官和神经系统带来享受的产品。与黑色家电不同，白色家电是通过电动机将电能转换为热能、动能进行工作的，它们的出现把人们从繁重的体力劳动中解放出来。

4.1.2 家电产品的特征及发展趋势

1. 家电产品的一般特征

（1）安全。家电产品使用广泛，且使用者不一定具备电学知识，故其安全性能十分重要。安全性要求产品在发生机械或电气故障时不会造成人身伤害事故。为此多数国家颁布了家电产品安全管理法规和标准，部分国家还采用法律形式强制执行。例如，国际电工委

⊖ 即数字多功能光盘。

员会（IEC）颁布了家电产品的安全规则，我国规定家电产品的国家标准等同或等效 IEC 的安全规则。

（2）实用。实用性是家电产品的基本特征。产品应具有基本的使用功能，结构合理、操作方便，做到使用者无须具有专门技能也能正确使用。

（3）可靠。可靠性是反映家电产品质量的综合性指标。平均无故障工作时间是家电产品可靠性的一个主要指标。对产品的生产过程需要实行严格的全面质量管理，保证产品质量的一致性和稳定性。

（4）新颖。家电产品具有美化家庭环境的特点，因此应具有新颖性与装饰性。产品造型和外观不仅要有鲜明的时代性，反映一定时期的科学技术水平和人们的审美志趣，并且要体现出结构的科学性、选材的合理性及工艺的先进性。

（5）耗能少。提高家电产品的效率指标，降低能耗是家电产品主要生产国家长期努力的方向。美国于 1975 年 12 月制定的《能源政策和保护法》（Energy Policy and Conservation Act）对 14 种耗能多的家电产品规定了最低能耗效率标准。

案例 4-3　艾美特引领小家电节能创新

艾美特作为小家电产业的领先品牌，始终响应政策的号召，在节能方面已走在行业的前端。

首先，在节能材料方面，艾美特极为关注原材料的环保、节能等因素。艾美特所采用的原材料甚至通过了欧美最为严苛的绿色技术壁垒 WEEE⊖和 RoHS⊜。这是 2003 年欧盟委员会颁发的两条指令，规定欧盟市场上的电子电气产品生产商必须自行承担报废产品回收、处理及再循环的费用，且进入欧盟市场的电子电气产品禁用六类有害物质。

其次，在节能设计方面，艾美特产品以消费者需求为主导，关注消费者健康、节能等核心诉求，处处体现出节能的功效。例如，2012 年推出的新一代 DCIII 直流风扇，按每天使用 8 小时来算，用 1 档风 2.36 瓦的功率，52 天仅需不到 1 千瓦·时电；除了省电，更有众多贴心的人性化功能，如多段风量、ECO⊜风、断电使用 15 小时、超静音运转等。技术研发人员通过利用高科技的电子装置和三相无刷直流电动机，使风扇形成最高达 32 档的多段风量，搭配 ECO 风智能管家，能使风扇的档位随着周边温度的升降而自由调节。因此，它不仅能在夏天搭配空调使用，在冬天也能成为调节室内空气循环的电器。1 千瓦·时电使用 52 天，其耗电量比传统风扇节省 92%。这一令人惊叹的进步，彰显出的正是艾美特在产品设计上的节能诉求。

2. 家电产品的发展趋势

（1）智能化。广泛采用计算机控制，提高家电产品的智能化程度，表现出技术运用的先进性。例如装有声音合成和声音识别系统，能实现人机对话的家电产品、家庭机器人等。

（2）自动化。多种自动化的产品，如洗、漂、烘全自动化的家用洗衣机，能自动烹调的

⊖ Waste Electrical and Electronic Equipment 的简写，这里是指 WEEE Directive，即《报废的电子电气设备指令案》。
⊜ Restriction of Hazardous Substances 的简写，即《关于限制在电子电气设备中使用某些有害成分的指令》。
⊜ Economical 的简写，表示节能的、经济的。

微波炉、面包机、蛋糕机等已相继问世。将家电产品和计算机相结合的家庭自动化控制系统，可使未来的家庭实现在家工作、在家上学、在家购物、在家医疗。这种家庭生活的高度自动化，有可能从根本上改变人类传统的生活方式，成为人类文明的新标志。

（3）塑料化。家电产品使用具有良好电气绝缘性能和经济性的塑料，适合大批量生产。家电产品塑料化将会更快发展。

（4）节能和多种能源综合利用。家电产品节能技术研究已取得明显的进展。例如电冰箱在高效压缩机、低导热的隔热层、改进制冷剂、合理的制冷系统匹配方面不断发展，耗电量大幅度降低。利用多种能源的吸收式冰箱也有新的发展，产量迅速增加。节电效果最有前景的是在家电产品上应用微电子技术和太阳能，如果高性能大容量的太阳能电池研制成功，则太阳能家电产品将会很快地发展起来。

4.1.3 家电产品需求特征

现代家电消费呈现了新的特征，消费需求的多样化、差异化现象日益突出，消费心理更加成熟，更加注重价值导向和理性消费，更加关注自我、张扬个性，更加追求便利、舒适的生活，已经不仅仅满足简单功能的实现，更加寻求在购物过程中心理和精神上的满足。具体特征如下：

（1）个性化。消费者对家电产品的需求越来越趋于个性化，以个人的爱好和个性设计的家电产品越来越多。在产品设计内容上表现为要满足多层次的需求，不同年龄结构、不同文化层次、不同性别的消费群体的想法和要求都不一样。

（2）环保绿色化。人们对环境保护的意识从来没有像今天这样强烈。当地球上的人们享受着由科学技术带来的现代工业文明时，也正经历着日益严重的环境污染，消费者对环保型家电产品的需求逐渐提高。

案例 4-4　红海家电上演"绿色营销"

2006 年 7 月 5 日，格兰仕在北京推出"绿色回收废旧家电——光波升级 以旧换新"活动，消费者手中任何品牌的废旧家电均可折价 30～100 元，用于购买格兰仕部分型号微波炉和小家电，同时格兰仕联合专业环保公司对回收的废旧小家电进行环保处理，为绿色奥运做出自己的贡献。

活动推出后，格兰仕在北京市场连续 3 日单日销售突破 1 000 台，高端光波炉的销售同比增长 69.6%。北京电视台、《北京晚报》、《北京青年报》、《中国青年报》、《京华时报》、《北京娱乐信报》、《中国经营报》等都对该活动进行了追踪报道。随后活动向山东、福建、辽宁、云南、吉林、重庆等多个城市蔓延。格兰仕"绿色回收废旧家电"的活动成为 2006 年淡季小家电市场一道靓丽的风景。

（3）节能化。低碳节能的生活方式越来越受到人们的认可，政府也在推动节能家电的普及，对节能家电进行补贴，节省资源、节约能源已经成了消费者选购家电的首要条件之一。

知识拓展 4-3　节能产品惠民工程

"节能产品惠民工程"是国家发改委、工信部、财政部联合发布的旨在推进节能减排的战略,是指通过财政补贴方式对能效等级1级或2级以上的十大类高效节能产品进行推广应用,包括已经实施的高效照明产品、节能与新能源汽车。2012年9月9日财政部表示,财政部、国家发改委、工信部决定将高效节能台式计算机、风机、变压器等六类节能产品纳入财政补贴推广范围。

"节能产品惠民工程"所说的"节能产品"是指能效等级1级或2级以上的空调、冰箱、平板电视、洗衣机、电动机等十大类高效节能产品,包括已经实施的高效照明产品、节能与新能源汽车。"惠民"就是通过财政补贴方式来推广应用这些产品,财政补助标准依据高效节能产品与普通产品价差的一定比例确定。例如,对能效等级2级的空调器给予300~650元/台(套)的补助,能效等级为1级的给予500~850元/台(套)的补助。

自2007年以来,我国陆续启动了高效照明产品、高效节能空调、平板电视、计算机,以及电动机、风机、水泵、汽车等产品的补贴推广工作。目前,已经形成家电、汽车、工业产品三大类、15个品种、数十万种型号的"节能产品惠民工程"推广体系,累计安排中央财政资金超过400亿元,出台实施细则20多项,成为"稳增长、扩消费、促节能、惠民生"的重要政策平台。

(4)智能化。智能化家电产品已经成为家电产品的主要发展方向,越能让消费者在使用时感到轻松、简单、愉悦的产品越受青睐。例如,从模拟移动电话到今天的数字移动电话,产品的体积、重量缩减了9/10,功能则更多、更先进,外观也与时俱进,让人感受到智能化的魅力。

(5)计算机网络信息化。随着计算机网络逐步进入电子电器产业,家电产品的技术发展逐步受到计算机网络技术的渗入。

4.2　家电产品营销策划知识

4.2.1　家电产品市场

1. 家电产品市场的概念

市场是商品经济的产物,自从人类有商品生产和商品交换以来,就有与之相应的市场。随着商品经济和企业经营活动的发展以及使用对象和场合的不同,"市场"一词的内涵也不断丰富和发展,总结起来有四层含义:一是商品交换场所和领域;二是商品生产者和商品消费者之间各种经济关系的总和;三是有购买力的需求;四是现实顾客和潜在顾客。

从市场营销的观点来看,家电产品市场是指由一切对家电产品具有特定需要和欲望,并且愿意和能够通过交换使需要和欲望得到满足的潜在顾客所组成的总体。市场规模的大小,取决于有需要又有资源交换且愿意以这些资源换取所需消费家电产品的消费者的数量。

2．我国家电市场的现状

（1）家电市场需求平稳增长，新的消费热点正在形成。虽然电视机、电冰箱、洗衣机等传统家电的城镇家庭拥有量已经很高，但是城市市场的家电更新和农村市场的家电第一次配置，使得未来的市场需求将出现平稳增长的态势，空调器、微波炉等新型家电产品的生产和消费将快速增长，小家电产品的市场前景非常好，市场上新的消费热点正在形成。

（2）名牌效应显著，国内品牌占据优势。经过市场的优胜劣汰，一些优势企业脱颖而出，这些企业通过提高产品质量和服务质量，扩大生产规模和市场份额，提高了产品品牌的知名度。目前，国内家电市场上出现的名牌产品大致可以分为三类：一是国内品牌；二是进口品牌；三是国内生产但使用国外品牌的品牌。

（3）受关税保护，国产家电具有价格优势。近几年来，我国家电市场上的"价格大战"一年比一年激烈，每次"价格大战"之后，家电产品的价格都有一定程度的降低，同时由于受到关税壁垒的保护，国产品牌与国外品牌家电的价格差距比较明显。国产电视机、电冰箱、空调器、洗衣机等家电产品的价格要比同类的进口产品价格低 500～2 000 元，这对当前收入水平不高的中国消费者有着很大的吸引力。

（4）国产国外品牌对国内品牌构成威胁。不少外家电企业通过合资的形式进入我国市场，其生产能力正逐步形成，国产国外品牌对国产国内品牌正逐步构成威胁。

案例 4-5 2013 年上半年我国家电市场分析

1．洗衣机

2013 年 7 月，我国洗衣机市场上品牌关注格局比较稳定，各品牌的关注排名与上月基本保持一致。其中，海尔以 34.5%的关注比重继续领跑；西门子保持亚军不变，7 月关注比重为 16.3%，较 6 月上涨了 2.1%；其余品牌的关注比重均在 10.0%以下。6 月洗衣机市场国内品牌销售量普遍下滑，而国外品牌的零售量份额占到 38.5%，同比增长 3.4 个百分点。且 6 月国外品牌零售额份额超过半壁江山，为 50.3%，同比增长 3.2 个百分点。国际、国内品牌两大阵营对垒，国内品牌在销量上一直占据优势，而在销售额上国外品牌的表现一直优于其在销售量方面的表现。国外品牌的量额表现存在较大差异，原因在于国外品牌洗衣机均价较高，这也是其品牌溢价和撇脂策略共同作用的结果。

2．液晶电视机

从整体来看，2013 年上半年，我国液晶电视市场上依旧保持着"三足鼎立"的市场关注格局，本土品牌在与国外品牌的对峙中略占优势，关注比重为 51.9%；而国外品牌的受众化程度不容小觑，累计占据了市场 48.1%的关注比重，其中日系和韩系的关注比重分别为 21.0%和 27.1%。

3．3G 手机

2013 年 7 月，我国 3G 手机市场在售的机型数量已经超过千款，占据整体手机市场九成以上的比重，其中千元以下机型占比最高，逾四成。从网络制式来看，我国 WCDMA①制式机型毋庸置疑成为市场的主流。从品牌关注格局来看，国际品牌三星、苹果、诺基亚及国产品牌联想、华为位居前五，国产品牌实力在逐步上升。

---

① 即宽带码分多址，是一种 3G（第三代）蜂窝网络。

4. 冰箱

2013年7月，我国冰箱市场上，在售产品数量共计1 307款，分属28家主流厂商。7月冰箱市场依旧保持着由海尔与西门子领跑、其余品牌激烈竞争的市场关注格局。7月最受消费者关注的前十款产品分属四家品牌，海尔与西门子共占有其中八款，产品关注优势比较明显。此十款产品以计算机温控方式居多，其平均容积达到346升，平均售价为5 598元。其中，海尔BCD-186KB的报价相对最低，为1 399元；西门子BCD-401W（KM40FS20TI）的报价相对最高，达到16 000元，也是此十款产品中唯一一款多开门冰箱。

5. 空调

2013年6月，我国空调市场上，品牌关注格局变化较大，其中，格力蝉联品牌关注榜冠军，但关注比重有一定下滑，6月为35.0%，较5月下滑了10.7%。值得注意的是，6月海信跻身前三甲，名列亚军。6月关注比重靠前的十款空调产品分属五家品牌，其中格力拥有五款产品，产品关注优势比较明显。

4.2.2 家电产品营销的特征

家电产品营销是指家电企业通过市场调研和预测、目标市场选择和定位、产品开发、产品定价、实体分配、促销和售后服务等一系列活动将家电产品从生产领域送入消费领域，满足消费者需要，实现企业长期盈利最大化的过程。

随着科技的发展，家电产品的营销方式将发生巨大的变化，呈现出以下几个主要的营销特征。

1. 绿色营销

绿色营销源于绿色需求，绿色需求是人类社会发展的产物和人类追求高品质及高品位的必然。随着资源短缺、环境的进一步恶化、淡水的枯竭、大气层的破坏、地球变暖等生态及环保问题的加剧，消费者的消费观念发生了改变，尤其当人们已经不再为基本的需求而奔波时，必然开始追求生活质量，催生出绿色需求。一些国家，特别是发达国家已经制定和颁布了相关法规来规范和推行绿色需求，实现绿色消费。在我国，1992年11月，国务院批准成立了"中国绿色食品发展中心"，随后制定了《绿色食品标志管理办法》（2012年6月13日，原《绿色食品标志管理方法》废止，新的《绿色食品标志管理办法》公布。），开始实施绿色食品标志制度。1993年5月成立了"中国环境标志产品认证委员会"并实行绿色标志认证制度。虽然绿色标志认证在我国起步较晚，但发展较快。目前我国已获得绿色标志认证的企业涉及家电产品、建筑材料、儿童玩具、纺织品、食品饮料、办公用品、汽车等方面。

知识拓展 4-4 绿色营销的含义及特点

英国威尔士大学肯·毕提（Ken Peattie）教授在其所著的《绿色营销——化危机为商机的经营趋势》一书中指出："绿色营销是一种能辨识、预期及符合消费的社会需求，并且可带来利润及永续经营的管理过程。"绿色营销，一般认为是英文"Green Marketing"的汉译。也有一些学者用"Environmental Marketing"（环保营销）、"Lower-carbon Marketing"（低碳营销）和"Ecological Marketing"（生态营销）等词来表达。绿色、生态、环保、低碳是21世纪世界经济发展的一种趋势。

企业在生产经营过程中,将企业自身利益、消费者利益和环境保护利益三者统一起来,以此为中心,对产品和服务进行构思、设计、制造和销售的营销,就是绿色营销。绿色营销具有以下几个特点:

(1)倡导绿色消费意识。绿色营销的核心是倡导绿色消费意识,让消费者意识到使用绿色产品、绿色生活方式不仅能提高自身的生活质量和健康水平,而且能够改善生态环境,为子孙后代留下可持续发展的财富。

(2)实行绿色促销策略。由于绿色营销对企业提出了环保的要求,促使企业的促销策略发生重大转变,企业营销活动的注意力从过去单纯追求利润增长,转变到在营销活动中注重生态环境保护,促进经济与生态协调发展上来。企业在进行促销时,注重宣扬绿色产品的使用价值、社会价值和环境价值。

(3)采用绿色标志。在绿色市场发展期,使用绿色标志是绿色营销的重要特点。在企业的产品上贴上绿色标志,便于消费者识别绿色产品,消费绿色产品,保护生产绿色产品的企业利益,保护消费者的合法权益;同时,对于非绿色产品生产企业形成市场压力,有利于绿色市场尽快成熟起来。

(4)培育绿色文化。绿色营销的发展推动了企业绿色文化建设,绿色文化成了企业文化的核心内容。在绿色文化的建设中,企业目标与环境目标相融合,企业营销理念与生态理念相融合。在企业内部,要培养员工的绿色理念,建立绿色管理制度,形成人人具有绿色理念、人人宣传绿色理念的绿色文化氛围。

2. 整合营销

整合营销传播(Integrated Marketing Communications,IMC)最早出现在20世纪90年代以后的美国。1992年,全球第一部IMC专著《整合营销传播》在美国问世,作者是在广告界极富盛名的美国西北大学教授唐·舒尔茨(Don Schultz)及其合作者斯坦利·田纳本(Stanley I. Tannenbaum)、罗伯特·劳特朋(Robert F. Lauterborn)。整合营销传播理论是随着营销实践的发展而产生的一种概念,因此其概念的内涵也随着实践的发展不断丰富和完善。一直以来,整合营销传播实践者、营销资源提供者和营销效果评价者以各种方式,从不同的角度来给整合营销传播进行定义和研究。

整合营销传播,即整合营销,是一种在满足顾客需求的同时,最大限度地实现企业目标的双赢营销模式。一方面,企业从 4C⊖ 理论出发,按照消费者的需求和欲望开发和提供合适的产品,在顾客愿意付出的成本内确定产品价格,以为顾客提供购物便利为依据进行分销,并持续一致地与顾客保持双向沟通;另一方面,企业借助整合营销,把企业战略、营销战略和沟通战略联结和协调起来,把顾客利益、顾客需求转化为企业利益和企业目标,实现顾客和企业的双赢。国内 IMC 运用最早的是科龙集团,目前 IMC 被大型企业普遍采用。

 案例 4-6 用户才是产品真正的"设计师"

"对用户需求的调研一定要细致入微,因为用户才是产品真正的'设计师'。"海尔空调企划部负责人说,"在海尔空调的企划工作中有一项很重要的工作就是邀请用户参与到产品

⊖ 即消费者(Consumer)、成本(Cost)、便利(Convenience)、沟通(Communication)。

的'设计'中来。只有让用户参与其中,这些设计出来的产品才是竞争力强、能真正满足用户需求的产品。所以我们往往在企划产品之前,会通过网络与用户互动,让他们来提需求、提抱怨,同时我们也会邀请用户来体验,真正的体验是最有说服力的,我们会知道产品的优势在哪里,哪里还需要完善。"

在当前残酷的市场环境中,如何准确把握住用户多元化的需求,开发出创新且适宜的新技术产品,成为海尔空调续写传奇的关键。海尔空调一切技术的核心都来源于用户的需求,无论是产品研发还是市场销售都围绕用户展开。用户的需求是海尔空调努力的方向,实现技术突破的动力源泉。节能、静音、除甲醛……每一项技术的背后都有一个故事。

目前海尔不仅在线下通过销售渠道和服务渠道进行面对面的市场调研,而且在线上通过海尔网站、门户网站、微博、微信等进行用户需求的互动沟通,不断发掘用户需求,验证超前产品技术功能,确保以最领先的技术和产品、最快的响应时间,让消费者享受到最满意的产品。

海尔空调的良好品质来源于不断创新,但创新的源泉恰恰是满足用户需求。

3. 直复营销

直复营销(Direct Marketing),即"直接回应的营销",它是以盈利为目标,通过个性化的沟通媒介向目标市场成员发布信息,以寻求对方直接回应(问询或订购)的社会和管理过程。直复营销是个性化需求的产物,是传播个性化产品和服务的最佳渠道。直接邮购营销、目录营销、电话营销、电视营销、网络营销都是直复营销的类型。网络通信技术的推广促进了直复营销的发展,尤其是电子商务、网络营销的迅猛发展。直复营销极大地顺应了顾客讲求时间效率的趋势,电话、网络订货,送货上门的优点为顾客的购物提供了极大的便利,也更好地满足了顾客的个性化需求。例如,苏宁电器和国美电器都开辟了网上购物通道,越来越多的顾客尝试通过网络进行家电的采购。

 案例 4-7 戴尔制胜的法宝就是其销售模式——直复营销

戴尔计算机公司是美国一家大型的跨国公司,是全球领先的计算机系统直线订购公司。营销专家们普遍认为,戴尔制胜的法宝就是其销售模式——直复营销。

在进入市场之初,戴尔不是利用现有的分销渠道来进行推销的,而是在精选的计算机杂志上做广告,得到消费者直接反馈的信息,再将计算机设备直接销售给客户。公司的计算机产品几乎是通过邮政快递和航空快递直接传送给消费者,没有任何中间商。这就是直复营销理念所提倡的"直接而双向地交流"。

戴尔公司走在了直复营销模式潮流的尖端。公司首先对市场进行细分,然后对顾客进行细致的研究,最后在网上实行直复营销。它重点研究的不是竞争对手而是客户。它明白更有针对性地去满足客户的需要,才是这种营销模式的精髓所在。公司从产品设计、制造到销售的全过程都是以聆听客户意见、迎合客户所需为宗旨。它通过各种媒体与客户沟通和互动,迅速得到客户的反映,及时获知客户对产品、服务的建议和要求,对客户的需求做到胸中有数,为每个客户量身定做。产品从厂商到客户手中,周期只需 7~10 天。而公司与原材料供应商之间的联系也是成功的关键,通过网络技术与供应商之间完善的沟通,它可以共享直复营销带来的巨大盈利,供应商也始终知道库存情况与补货需求,更好地为客户服务。这是直复营销模式的基础:站在供应商和用户的肩上。

戴尔公司的核心竞争力是基于现代信息技术条件下从采集客户信息并迅速反应、快速传递客户信息、产品设计、备件采购、产品装配、减少材料库存到物流配送的系统优化。

4.2.3 家电产品营销策划的要求

1. 前瞻性

前瞻性是指要有预见能力,能准确判断即将到来的形势或即将发生的事件,从大的范围来说,是对一种社会形势(包括政策、社会思潮等)的预见能力;从小的角度来讲,是对某一行业发展的预见能力。例如,目前我国城市化进程不断加快,现阶段已到高速城市化的起飞线上,城镇人口已超过农村人口,这些客观因素为智能电视市场提供了广阔的发展空间,三星对电视机的智能化发展趋势进行准确预见,2011年率先推出 Smart TV,开始让智能成为电视产业的关键词,2012年12月其市场份额达到37.0%,在智能电视市场上夺下了冠军位置。又如,随着水环境的恶化和人们经济收入的提升,净水器市场的潜力巨大,目前国内净水器市场已进入了行业快速发展的黄金阶段,在没有统一的标准引领行业发展的现阶段,产品策划、促销推广策划就需要有对将来行业统一技术标准、质量标准的前瞻性。

2. 战略性

企业战略是对企业各种战略的统称,包括竞争战略、营销战略、发展战略、品牌战略、融资战略、技术开发战略、人才开发战略、资源开发战略等。无论哪个方面的计谋,只要涉及的是企业整体性、长期性、基本性的问题,就属于企业战略的范畴。在战略规划的过程中,企业使命和愿景始终指引着战略制定的方向与要求,而核心价值观、企业文化引导着战略的思考方式、战略风格以及执行策略。家电企业经过激烈的竞争,能继续生存发展的无不是有自己的战略部署的企业,其成功的营销策划必然符合企业的战略方向,体现出企业的营销战略特性,并且打上企业文化的烙印。

 案例 4-8 卓越的品牌战略管理助推三星腾飞

全球著名企业——三星发展迅猛,现已成为"时尚、高档、技术领先、e 化"的全球领导性的品牌公司。而 30 多年前,三星为了生存还在为日本三洋公司打工;10 多年前,三星在西方人心目中仍然是廉价的地摊货。然而,近十几年,三星品牌实现破茧腾飞,2005年更是以 149 亿美元的品牌价值位列"全球 100 个最有价值品牌"排行榜第 20 位,一举超越日本索尼(SONY)(108 亿美元排名第 28 位),成为全球电子消费品第一品牌。2007 年三星的销售额达 1 000 亿美元。

它成功的秘诀在哪里?其根源在于营销战略方向的转变:1997~1998 年,亚洲爆发严重的金融危机,三星也深受重创,公司负债 170 多亿美元,裁员达 30%,几乎到了破产的边缘,三星未来之路在何方?就在这个生死攸关的时刻,三星集团总裁李健熙力排众议,在负债累累的情况下做出大胆决策,1998 年出资 4 000 万美元加入奥林匹克 TOP(The Olympic Plan,即全球赞助商计划),提升三星品牌形象。1999 年,三星集团在经营战略上做出了有史以来最大的一次调整,从大规模 OEM 制造转向创新技术及产品,实施品牌战略,打造自有品牌。

战略上的调整,使三星集团最终凤凰涅槃获得重生,三星品牌也踏上了腾飞之路。短短几年时间里,三星迅速崛起,缔造了一个品牌传奇。

3. 系统性

通常把系统定义为:由若干要素以一定结构形式联结构成的具有某种功能的有机整体。策划的系统性原则也称为整体性原则,它要求把策划对象视为一个系统,以系统整体目标的优化为准绳,协调系统中各分系统的相互关系,使系统完整、平衡。家电产品策划中,产品、价格、分销、促销、市场环境、消费者需求等就是各分系统,策划时需要考虑如何在符合企业营销整体战略思想的前提下实现各分系统之间的平衡、协调。单靠一两个灵光突现的点子的时代已经过去,如今的市场,无论是生产、销售还是传播都是系统的工程,为使系统最优化,必须对系统中各组成要素全盘考虑,并且要与外部环境协调起来。例如,资源整合、政治糅合等,没有系统的配套策划,策划很难取得预期效果,甚至对企业有害无益。

案例 4-9　海尔不用洗衣粉的洗衣机的推广波折

海尔曾经推出过一种用来洗土豆的洗衣机,可以让人感受到海尔人面对市场的大胆创新思维。创新是对的,但仅有产品概念的创新是不够的,不用洗衣粉的洗衣机 2003 年问世后,就一下子沉寂了三年,原因有二:一是消费者的洗涤习惯使然,不相信不用洗衣粉能洗干净衣服;二是性价比问题,就算不用洗衣粉能洗干净衣服,对于高出要用洗衣粉的洗衣机 1 000 元以上的价格,消费者并不能得到实惠。海尔此款洗衣机有差异但无竞争优势。2006 年开始,海尔再次花大力气推广此款洗衣机。2006 年 12 月 7 日,海尔在京正式启动了亮"健"中国——海尔不用洗衣粉洗衣机除霉"净"万家计划。在此之前,中华预防医学会(CPMA)发布了对洗衣机内部滋生霉菌问题的报告,在使用超过半年的洗衣机中有 60.2%机内都能检出霉菌。洗衣机中滋生的霉菌不但会污染衣物,还可以通过接触人体导致一系列疾病,引发了消费者对洗涤健康的极大关注。为解决此问题,海尔洗衣机在国内首次推出了"家庭完全健康洗涤解决方案",在其全系列洗衣机产品中提供不同的防霉抗菌解决方案。同时在元旦、春节期间,在全国范围内举办"海尔不用洗衣粉洗衣机除霉'净'万家"活动,向消费者普及洗涤健康的知识。海尔向公众展示了其制作的《家庭完全健康洗涤手册》,其中包括了霉菌知识、家庭防霉窍门和海尔相关抗菌洗衣机产品的介绍,《家庭完全健康洗涤手册》通过多种渠道发放到全国消费者手中。此外,海尔还将通过其在全国各地的家电卖场、各地媒体和其官方网站,开展立体的防霉宣传。海尔不用洗衣粉洗衣机由于技术上的先天优势,可以在洗涤过程中自动完成除菌过程,因此成为双节期间海尔向消费者重点推荐的产品。

中国标准化协会(CAS)将首个中国家用电动洗衣机除菌 CAS 标准授予了海尔不用洗衣粉洗衣机。此标准是由海尔洗衣机发起、与中国标准化协会共同制定的国内洗衣机行业第一个关于除菌的技术标准。中科院的测试显示,海尔不用洗衣粉洗衣机作为创造这一标准的产品，采用了电解水的先进技术，可以杀菌、降低污垢堆积，防霉除菌性能非常突出。此标准的出台，为国内洗衣机行业树立了一个典范。

显然，海尔首发的健康洗涤全民行动的营销策划超越了2003年产品问世时的推广局限，不仅仅停留在产品环保创新上，此次营销策划充分体现了系统性和整体性：首先提出问题——洗衣机不干净的问题，同时借官方（中华预防医学会）证明此问题的真实性和严重性，引起消费者的警惕和重视；其次解决问题，推出"家庭完全健康洗涤解决方案"，借机推广新款不用洗衣粉可以防霉除菌的洗衣机，并由官方（中科院的测试）证明洗衣机的功效；最后，确立除菌洗衣机的领袖地位，发起并与中国标准化协会共同制定国内洗衣机行业第一个关于除菌的技术标准。无疑，借此营销推广，海尔提升了"环保、健康"的绿色家电形象。之后，海尔继续推广此款独家不用洗衣粉的洗衣机，使其进入沙特阿拉伯、阿曼、泰国、菲律宾、朝鲜市场。

4. 创新性

市场发展到一定程度，资本越来越集中，资本集中导致产品技术竞争的差异化程度越来越小，营销创新就成了许多企业的救命稻草。尤其在国内，消费增长比投资增长慢，必然会导致生产过剩的时代提前到来，过去几年，可以说国内企业的营销创新得到了很大的发展，例如：①渠道战略策划的创新方面有格力的专卖店模式，海尔旗下的日日顺集团甚至成了仅次于苏宁、国美的第三大电器连锁商；②产品策划的创新更是各家企业必备的营销武器。

 案例4-10　　中国家电创新奖闪耀 IFA

2012年8月31日，IFA⊖7.3号馆柏林厅，因凝聚着中国创新智慧的第八届"中国家电产品创新奖"颁奖典礼的到来而熠熠生辉。本届创新奖以"创新思'变'、'智'赢未来"为主题，在对产业结构调整、智能创新技术进行深入思考的同时，也向国内外家电企业、行业专家和全球媒体、消费者再一次展示了东方大国的创新魅力。

"中国家电产品创新奖"，是由中国家电产品研究院组织评选的专门针对中国家电领域的产品、技术、品牌、标准的"创新盛典"，设有"技术创新奖""产品创新奖""企业标准创新奖""工业设计创新奖""品牌创新奖"五大奖项，涵盖冰箱、洗衣机、空调、小家电等产品领域。凭借专业、权威、公正的评选方式，"中国家电产品创新奖"自2005年伊始就得到外交部、商务部等各级领导部门的大力支持，受到国际、国内知名企业的关注；在IFA连续三年举办的颁奖典礼和获奖产品展示，得到德国经济部、IFA主办方在内的欧洲机构的高度重视和支持，并得到中外媒体的一致认可和好评。

随着中国政府投入265亿元人民币启动新一轮的节能补贴政策，中国家电业再次坚定了未来产业结构调整和技术研发的节能方向。中国家电产业不仅承担着拉动市场需求、实现经济增长的重任，更肩负着探索节能技术、创造智慧生活的使命。

家电行业已经把创新作为下一阶段的主要战略目标，并达成只有依靠技术升级才能实现由"家电大国"向"家电强国"转变的共识。

⊖ 柏林国际电子消费品展览会。

岗位技能训练

实训1 搜索技能训练——家电产品广告策划方案搜索

【实训目的】

(1) 能搜索到一份完整的家电产品广告策划方案。
(2) 能清晰表达出该家电产品广告策划方案的内容。
(3) 能总结归纳出家电产品广告策划方案的特点。
(4) 能简要说出选择该家电产品广告策划方案的理由。

【实训指导】

(1) 布置任务：将学生按每组6~8人的标准划分成若干个任务小组，每个小组成员搜寻一份家电产品广告策划方案。

(2) 搜索选择：各小组成员总结归纳自己所搜寻到家电产品广告策划方案的特点，列明选择该家电产品广告策划方案的理由，之后形成家电产品广告策划方案实训报告。

(3) 课堂陈述：各任务小组成员上交家电产品广告策划方案实训报告，由指导老师从每组中选择一份具有代表性的家电产品广告策划方案实训报告，并邀请其代表小组上台陈述。

(4) 评价效果：各小组代表陈述后，指导老师点评该次家电产品广告策划方案实训的情况，并由全班同学无记名投票，评选出该次实训的获奖小组，给予表扬与奖励。

【实训模板】

格力空调广告策划方案

一、前言（企业概况）

珠海格力电器股份有限公司成立于1991年，是我国集研发、生产、销售于一体的专业化空调企业之一。格力旗下的"格力"品牌空调，是中国空调业中的"世界名牌"产品，业务遍及全球100多个国家和地区。早在2008年，格力全球用户就超过了8 800万。

格力电器公布的2010年度报告显示，公司实现营业总收入608.07亿元，同比增长42.62%；实现净利润42.76亿元，同比增长46.76%；上缴税收33.15亿元。其中，空调业务营业收入达551.09亿元。格力电器连续八年上榜美国《财富》杂志"中国上市公司100强"。2009年公司营业总收入和净利润双双逆势增长，全年实现营业总收入424.58亿元，较上年同期小幅增长1.01%；净利润达29.32亿元，较上年同期增长47.18%，格力电器在成本控制、技术创新等方面的长足进步保证了其净利润的增长，全年继续保持快速、健康的良好发展态势。

为使格力空调继续保持中国空调行业领先地位，即使在寒冷的冬天到来之际也可以取得良好的销售业绩，特推出该广告策划方案。

二、市场分析

1. 营销环境分析

全球经济的快速发展，以及全球气温的不断提升，空调的需求量随着人们生活水平的不断提高而大量增加。空调的降温、除湿、升温、净化空气等功能满足了人们对舒适生活环境的需要，为空调行业提供了很好的发展契机。

伴随科学技术的不断发展，空调产品的更新换代也在不断进行，格力致力于为消费者提供更优质的产品、更便捷的服务，如环保、节能方面。当然，空调产品的技术要求很高，也就意味着我们的研发成本会随着技术的发展而有所增加。

暖通制冷产业作为高耗能、释放破坏臭氧层物质的重点行业，政府推出的相关节能环保政策对空调产业的发展有一定限制。另外，空调原材料价格的上涨增加了企业生产成本的压力。

2. 消费者分析

"资讯大全"和网上搜索是用户获取信息的首要渠道，其次是同行介绍、企业宣传推广和行业展会，以纸质和网络媒介为主体。用户采购空调时，所关注的重点依次是：品牌知名度、产品价格、品牌口碑、性能、售后服务、环保节能和运行费用。因此，应该更多关注品牌知名度的提升和产品品质的提高。用户还会受到地域限制的影响，其中我国空调消费者主要集中在华南、华北、华东三个主要地区。

3. 产品分析

空调产品有不同的分类方式：①变频和定频；②按不同功率划分的不同类型；③单冷型和冷暖型；④挂式和立式等。

显然，夏季是空调市场升温的高峰期，企业要把握好这个时期，做足各方面的准备工作。在销售淡季也要有所行动，吸引消费者眼球。因此，销售旺季，单冷型、变频立式空调应该更多地投放市场，在产品性能方面更注重减噪和节能。

在国内空调市场中，格力和美的、海尔都有较强的竞争力，因此企业应该更多地提供优质的产品和服务，努力培养忠实顾客，在消费者心中树立优质品牌形象。

4. 竞争对手分析

空调品牌市场的竞争压力越来越大，空调市场的竞争基本上是美的、格力、海尔、奥克斯、志高、海信、科龙几家企业间的争斗，松下、格兰仕、三星、月兔等企业在地域市场上也有所发展。中国空调市场中仍以格力、海尔和美的三大品牌的寡头垄断为主要格局。

5. 市场发展趋势分析

针对格力电器未来发展是否会面临"天花板"的瓶颈，格力电器副总裁表示，格力电器一直坚持空调产业的专业化，今后将在专业化的广度和深度两个方面下工夫。

在广度上，从家用空调延伸至中央空调，将中央空调作为公司新的利润增长点。

在深度上，格力通过技术研发掌握上游核心技术，不断增强自主技术控制能力。

同时面对高库存，空调企业不仅及时减产，还积极向海外市场寻找出路，开拓出口新市场也将成为趋势。

三、广告策略

1. 广告目标

在销售淡季，格力产品也能获得较高的销量，做到淡季不淡。在空调市场上继续保持较高的市场占有率并培养更多的忠实顾客，达到更高水平的产品认知度和满意度。

2. 目标市场策略

就我国市场规模而言，2010年空调零售量和零售额分别达到3 674万台和1 035亿元，分别同比增长23.6%和24.4%，空调市场潜力仍然巨大。

就消费群体而言，主要集中在东部沿海地区。市场细分则主要是以居民收入水平和所在地气候变化为标准进行的。

3. 产品定位策略

空调市场在家电下乡、节能产品惠民工程、家电以旧换新等政策的推动下，销售量大幅增加。特别关注的是变频空调的高速增长，随着企业对变频空调的推广力度不断加大等综合因素，它有望提前撼动定速空调的市场主流地位。

面对低碳发展趋势，企业必须找寻差异化立足点，将主要竞争点集中于新产品的自主研发和技术突破上。

4. 广告诉求策略

在空调市场淡季，我们致力于挖掘空调产品潜在购买者，使他们形成最终的购买行为。考虑北方市场在冬季都会配备相应的供暖系统，因此我们的诉求对象主要集中在湿冷的南方地区，消费者购买空调可以带来温暖、舒适的感受，帮助消费者度过寒冬。

5. 广告表现策略

广告主题：格力，无处不在的温暖。

广告创意：格力空调不仅仅在夏季为我们送来清爽，在冬季也可以为我们带来温暖。主打感情牌，表现雪中送炭的情感，让人们在寒冬也能感受到如火的热情。

6. 广告媒体策略

广告媒体主要以电视和网络为主，辅助以报纸宣传。

电视媒体广告在热播剧场或新闻时段前后播出。

进行网络营业推广计划，采用博客营销等手段发布准确、及时的信息，让广大网民能够在第一时间了解格力产品的最新动态。

报纸则主要刊登在地方新闻时报上，要求可读性强、主题鲜明吸引读者眼球。

四、广告计划

1. 广告发布计划

在空调销售旺季过去之后，大致时间是夏季高温之后，人们对空调的需求量会相应减少，因此格力要做的就是即使是在淡季（秋冬季节）也能保持好的销售业绩。

将主要的目标市场定位在华南和华东地区，目标顾客则主要集中于中层收入人群。他们是家庭可支配收入的主要来源之一，也是购买行为的最终决策者。

广告通过网上进行宣传（新浪微话题、格力官网），制作相应的电视广告和平面广告（报纸），发布格力品牌的产品信息。吸引广大受众的关注，挖掘其中的潜在消费者。

新浪微话题：#格力#（写入你对格力空调的新期待和祝福）。

附电视广告：老父亲和老母亲相依坐在沙发上观看节目，这时突然门开了，原来是远在他乡的儿子回来了，儿子衣服上还挂着屋外飘散的雪花。开门的那一刻，格力空调里喷出的暖气将儿子和父母整个围住，形成爱心形状。同时，配以"家人团聚的温暖，有格力与您一起分享"的画外音。

2. 其他活动计划

全球变暖的问题或多或少对人们的生活环境产生了一定的消极影响，因此格力可以在环保问题上承担起一定的社会责任，树立良好的企业形象。譬如赞助和低碳、环保事业有关的公益活动，对贫困地区进行捐赠等。

3. 广告费用预算（见表4-1）

表 4-1　广告费用预算

项　目	费用/万元	周期/月
网上宣传	6.80	2
电视广告	420.00	3
报纸	20.00	2
公关活动	230.00	1
其他	40.00	2
合计	716.80	2

五、广告活动效果预测与监控

在广告活动进行后，不定期地以问卷和座谈会等形式对广告效果进行监测，以随时修正广告活动中出现的问题。

通过这一系列的广告和公关活动，使广大受众理解格力的发展理念，在"出精品、创名牌、上规模、创世界一流水平"质量方针的指引下，格力不断追求完美的质量管理和服务。

这次活动争取使格力品牌的知名度在消费者心中达到90%，美誉度和信任度达到98%，产品销量比前一季度提升20%，市场占有率达到42%。

实训 2　策划技能训练——家电产品广告策划方案创作

【实训背景】

"蒸立方"系列微波炉是2011年美的微波炉实行"双高"战略（即高端品牌、高端产品）的重要举措。"蒸立方"系列微波炉突出"蒸"功能，是高温蒸汽技术、直喷蒸汽技术、智能湿度感应技术等行业最先进技术的首先应用。它进一步扩大了蒸食菜单的范围，馒头、米饭、荤菜、素菜均可以通过"蒸立方"系列微波炉烹饪成健康、营养的美食。

根据以上产品资料，为美的该系列微波炉制定一份广告策划方案，以提高美的"蒸立方"微波炉在××地区的认知度和知名度。

【实训要求】

（1）能认识并实现组织分工与团队合作。

（2）能撰写出符合格式要求的家电产品广告策划方案。

（3）能整理总结出家电产品广告策划方案策划课题分析报告。

（4）能清晰地口头表达出家电产品广告策划方案策划实训心得。

【实训指导】

（1）组建实训课题小组：将学生按每组 6～8 人的标准划分成若干课题小组，每个小组指定或推选出一名小组长。

（2）确定实训小组课题：每个小组根据家电产品广告策划方案策划背景资料的要求，完成一份家电产品广告策划方案的策划。

（3）实施策划课题研究：各小组长根据家电产品广告策划方案策划的计划，调配资源，明确各组员的任务，并督促大家有效地完成任务，包括家电产品广告策划方案的草拟、修改和定稿，家电产品广告策划课题分析报告的撰写、打印，以及小组发言等。

（4）撰写实训课题报告：每个小组完成一份家电产品广告策划方案策划的课题分析报告。

（5）陈述策划实训心得：由各小组推荐的发言人或小组长代表本小组陈述实训课题分析报告和实训心得。

 知识训练

一、判断题

1. 电饭煲的核心产品是能煮饭，所以外观、材质都不重要。（　　）
2. 家电产品就是将电能变成热能、光能和机械能的产品。（　　）
3. 白色家电、黑色家电、米色家电、绿色家电是根据家电外观的不同颜色进行的一种分类。（　　）
4. 所有国家都颁布了家电产品安全管理法规，有些国家还用法律形式强制执行。（　　）
5. 名牌家电带给人们的不仅仅是家电的实际功效，更多的是顾客心理和精神上的满足。（　　）
6. 我国家电品牌已经占据了国内市场的优势地位。（　　）

二、选择题

1. 购买净水器，商家或者厂家定期上门更换过滤芯，这属于整体产品的（　　）。
   A. 核心产品　　B. 形式产品　　C. 期望产品　　D. 附加产品
2. 电子产品是利用电压、电流进行信息的产生、传输、储存和处理的产品，如（　　）。
   A. 电视机　　B. 冰箱　　C. 空调　　D. 音响
3. 家电产品具有以下特征（　　）。
   A. 安全　　B. 可靠　　C. 时髦　　D. 高科技
4. 对绿色营销理念有不同的表述方式，具体表述有（　　）。
   A. 环保营销　　B. 低碳营销　　C. 生态营销　　D. 节能营销
5. 以下属于直复营销类型的有（　　）。
   A. 电视营销　　B. 电子商务　　C. 电话营销　　D. 网络营销
6. 家电营销策划需要策划者能准确判断即将到来的形势，这是策划的（　　）要求。
   A. 战略性　　B. 预见性　　C. 系统性　　D. 前瞻性

三、案例题

1. 家电业尝鲜微博营销案例分析

占国内电烤箱市场35%份额的长帝公司宣布从家电制造向服务转型，退出传统销售渠道，转而拓展电商销售渠道，并签约微博上的"烘焙达人"君之，以微博营销、烘焙网站、烘焙作坊等驱动家庭烘焙市场。长帝公司总经理黄志刚预计，三年内国内主要中心城市将步入"每个家庭都有一台电烤箱"的时代。

众多家电企业和相关负责人申请了微博，通过新浪认证并且更新频繁活跃。美的集团下属的"美的冰箱"新浪微博粉丝量超过350万，"奥克斯空调"粉丝量超过280万，"海信冰箱洗衣机"粉丝在206万以上。而一些家电企业的老总也利用自己的微博为企业搞营销。据统计，仅新浪微博，截至2014年年底，TCL集团董事长李东生的粉丝数量超过770万，京

东商城总裁刘强东的粉丝为 272 万，苏宁云商运营总部执行副总裁李斌的粉丝多于 165 万。

分析：

（1）长帝公司退出传统销售渠道转而拓展电商销售渠道，体现出该公司营销策划的什么特征？

（2）微博营销为何受到家电企业的普遍重视？

2．奥普为何是"浴霸"案例分析

1993 年奥普公司研制出第一台集取暖、照明、换气三项功能为一体的产品，并取名为"浴霸"，改变了中国人千百年来室内沐浴的方式。奥普，一度成为中国浴霸的代名词；奥普，被新闻界尊称为中国浴霸之祖，是浴霸行业的缔造者，更是浴霸行业的领导者。

自问世以来，奥普产品不仅相继获得了"欧盟 CE○安全认证""SAA○国际安全认证""ISO9001 国际质量管理体系认证""UL○认证"和"中国 CCC®认证"等多项安全认证，更赢得了消费者的信赖和赞赏。产品远销澳大利亚、比利时、新西兰、韩国、美国、波兰等国。

奥普每年将超过 6%的销售收入投放在产品研发和制造上。在中国大多数的家电企业中，产品研发投入的费用仅占年销售收入的 0.7%～3%，而浴霸行业混聚着一大批作坊式、采用拼装手法生产产品的企业，其研发投入比例多在 1%以下。奥普这么高比例的研发投入无疑使它在产品的制造、工艺、品质、创意上遥遥领先于对手。

"因为专业，所以安全"是奥普人对消费者的承诺。奥普浴霸一路肩负着提升国人沐浴环境的责任与使命。在全国设有 24 个分支机构、1 000 多家品牌专卖店，4 000 多个终端网点遍布各地，全球共有 3 000 多万用户选择和使用奥普浴霸。

分析：

（1）奥普浴霸产品的设计体现了家电产品的什么特征？

（2）奥普浴霸在该领域遥遥领先，产生这样差距的原因显然是其产品质量。这是否说明"酒香不怕巷子深"，营销策划不重要？

○ CE 代表欧洲统一（Conformite EuroPeenne），CE 安全认证被视为制造商打开并进入欧洲市场的护照。
○ 澳大利亚国际标准公司的简称，是澳大利亚的标准认证机构。
○ 美国保险商实验室的简称，它对机电包括民用电器类产品颁发安全保证标志。
○ 中国的强制性产品认证制度。

第 5 章　医药产品营销策划

目的要求

1. 能叙述和列举医药产品的概念和特征。
2. 能熟读和列举医药产品需求的特征。
3. 能叙述和列举医药产品营销的特征。
4. 能熟记和列举医药产品营销策划的原则。
5. 能叙述和应用医药产品营销策划的法则。
6. 能综合运用本章知识剖析现实案例。
7. 能依据案例背景撰写医药产品形象策划方案。
8. 能撰写医药产品形象策划方案技能训练报告。

重点难点

1. 医药产品的特征。
2. 医药产品需求的特征。
3. 医药产品营销策划的法则。
4. 医药产品形象策划方案的撰写。

案例导读

云南白药气雾剂：人群跨界，从 8 000 万到 2.4 亿

云南白药气雾剂在 2002 年之前定位为"时尚运动创伤用品"，并邀请体育明星刘璇、巴特尔等代言，使云南白药气雾剂稳坐"时尚运动创伤用品"第一的交椅，同时也为品牌形象奠定了较好基础。然而，到 2002 年年底云南白药气雾剂年销售近亿元后便连续三年徘徊不前，显然与其行业第一品牌身份不符。凯纳策划公司经过调查发现，云南白药气雾剂的潜在消费者并非仅限于"时尚运动一族"，"老中青三代"都有很大的潜力可深挖。抓住这个问题点以后，云南白药公司在凯纳策划公司的策划下开展了有针对性的跨界传播。

（1）针对青少年"运动一族"①市场定位：我的装备；②品牌主张：有伤有痛自己搞定。以他们独有的"族群语言"，让云南白药气雾剂贴近他们，体现年轻人更纯粹、更自我的一面，真正成为他们的"自己人"，从而建立有忠诚度的友谊。

（2）针对中老年人群：①市场定位：家中常备；②品牌主张：保护家人，远离伤痛。利用云南白药金字招牌在中老年人心中已有的影响力，号召人们在生活中（居家、旅游、运动）选择云南白药气雾剂解决风湿、伤痛烦恼。同时在终端启用亲切女模特做代言，更拉近了与中老年人的距离。

5.1 医药产品基础知识

5.1.1 医药产品的概念和分类

1. 医药产品的整体概念

在《中华人民共和国药品管理法》中，药品是指用于预防、治疗、诊断人的疾病，有目的地调节人的生理机能并规定有适应证或者功能主治、用法和用量的物质，包括中药材、中药饮片、中成药、化学原料药及其制剂、抗生素、生化药品、放射性药品、血清、疫苗、血液制品和诊断药品等。

从市场营销观念来看，医药产品应为满足消费者防病、治病、保健等方面需要和欲望的任何东西。它不仅包括有形产品，还包括无形产品，如药品实体、用药咨询、用药指导以及药品销售的场所，医药企业经营的思想、理念等，都属于医药产品的范畴，这就是医药产品的整体概念，包括核心产品、形式产品和延伸产品三个层次的含义。

（1）核心产品。核心产品就是实质的药品，或者称为药品的实质，是指药品能够为消费者或患者提供某种实际效用和利益，从而达到防病、治病、健身的目的。实质的药品是消费者或患者需求的基本内容，是药品的基本要素。消费者或患者购买某种药品，不是为了获得它的化学成分，而是为了消除病痛，强身健体。

（2）形式产品。形式产品是指药品的外观、形态，主要包括药品的剂型、包装、商标、形态等。药品的实质很重要，但随着药品市场竞争的日益加剧，药品的形式也变得越来越重要了，如在同一家药店的同一类药品中，包装精美的药品更容易吸引购买者的注意，销量也更大。

（3）延伸产品。延伸产品是指消费者或患者购买药品所获得的附加利益总和，包括提供用药指导与咨询，店员服务热忱、态度和蔼、衣着整洁等。在药品市场竞争日趋激烈的新形势下，只有对药品提供更多的附加价值，才能赢得竞争的主动权。

 案例 5-1 零售药店：中药饮片经营大有可为

中药饮片是中药三大组成部分之一，由中药材经炮制加工而成，是中医临床用药和中成药生产的重要原料。有统计数据表明，随着国家对中药饮片行业进行规范化管理，到 2015 年，中药饮片销售将超过 1 500 亿元，中药饮片释放出来的市场需求正触动着相关医药企业敏感的神经。

由于历史原因，我国中药饮片的炮制工艺多为家传，东南西北各异。2005 年版《中国药典》收载的饮片标准只有 13 个，而各省市一般又有各自的饮片炮制规范，同一饮片其名称、制法及工艺各地差别很大，有的甚至相互矛盾。近年来，由于质量标准的不规范、不统一，饮片行业在快速发展的同时也产生了诸多问题。标准缺失一方面导致出口处于被动局面；另一方面，也加剧了国内饮片市场的散乱、无序状态，对产品档次提高、产业规范发展造成极大障碍。从 2008 年开始，中药饮片生产环节正式实施 GMP 管理。另外，药材和饮片行业标准也在不断提升，在 2010 年版《中国药典》中大幅增加饮片标准，使饮片标准增加至 439 个，已基本覆盖了中医临床常用的饮片目录，并且基本构建了以《中国药典》为中药饮片标准主题，各省的《饮片炮制规范》或省级饮片标准仅为满足辖区内中医用药特点而设，作为国家饮片标准的补充形式的饮片标准体系框架。另外，由于饮片行业的集中度比较低，大型的饮片企业正通过并购手段整合产业资源。饮片行业的龙头康美药业在 2009 年完成了多宗收购，展开了饮片市场的全国布局和全产业链布局。

2．医药产品的分类

医药科技日新月异，新的理论、处方及生产技术等使药品的类型不断发生变化。根据不同的分类标准，可以有很多不同的类型，这里仅介绍常见的几种药品分类方法和类型。

（1）以剂型为基础的综合分类，可分为注射剂、片剂、胶囊剂、丸剂、膜剂、软膏剂、液体制剂、半固体制剂、栓剂、气雾剂、粉剂等，此外还有分散片、缓释制剂、控速释药体系、微型胶囊、脂质体、微球剂等。

（2）按医药商业保管习惯分类，可分为针剂类、片剂类、水剂类、粉剂类。

（3）按药品的来源不同分类，可分为动物药、植物药、矿物药、人工合成的药品、生物药品等。

（4）按购买时是否需要处方分类，可分为处方药和非处方药。处方药是指必须凭执业医师或执业助理医师处方才能调配、购买和使用的药品，非处方药（OTC）是指不需要执业医师或执业助理医师处方即可自行判断、购买和使用的药品。

（5）按药品使用部位不同分类，可分为外用药、内服药和注射用药。

（6）按是否为国家基本药物分类，可分为国家基本药物和非国家基本药物。

知识拓展 5-1　基本药物制度

基本药物制度是一个全球化概念，是一个国家药物政策的核心。

"基本药物"的概念，由世界卫生组织于 1977 年提出，指的是能够满足基本医疗卫生需求、剂型适宜、保证供应、基层能够配备、国民能够公平获得的药品，主要特征是安全、必需、有效、价廉。各国公共医疗保障体系都不可能为民众的所有药物开支付账，因此对所有上市的药品进行适当的遴选，编制出基本药物目录。目前，全世界约有 160 个国家和地区拥有正式的基本药物目录。

我国的"国家基本药物制度"是一项重要的国家医药卫生政策，是国家药品政策的核心和药品供应保障体系的基础。其主要内容包括合理确定基本药物品种，完善基本药物的生产、供应、使用、定价、报销等政策，保障群众基本用药。

（7）按药品的特殊性分类，可分为特殊药品和普通药品。特殊药品主要是指特殊管理的药品，包括麻醉药品、精神药品、医用毒性药品、放射性药品。

（8）按药品产生的历史背景分类，可分为传统药和现代药。

（9）按药品的功能分类，可分为预防性药品、治疗性药品和诊断性药品。

（10）按药品使用的频率分类，可分为常用药和非常用药。

知识拓展 5-2　药品、保健品、食品

（1）药品。有"药准字"批准文号的产品叫药品。格式：国药准（试）字+1 位汉语拼音字母+8 位阿拉伯数字。1 位汉语拼音字母表示方法如下：化学药品——H，中药——Z，生物制品——S，体外化学诊断试剂——T，药用辅料——F，进口分包装药品——J。8 位数字中的第 1 位和第 2 位是药品批准文号的来源，10 是卫生部，19 和 20 是 CFDA[①]，其他数字代表省份或直辖市；第 3 位和第 4 位数字是批准该药的年号的后两位数字，第 5、6、7、8 位数是当年顺序号。例如国药准字 H19003451。

（2）保健品。保健品的批准文号是"卫食健字"或"国食健字"。格式：国食健字【年号】第××号。

2003 年及以前通过审批的批号是"卫食健字"，2003 年以后通过审批的批号是"国食健字"，保健品的"药健字"在 2004 年前已被取消。

（3）食品。食品的批准文号则是"卫食准字"号，平常也被称为"食字号"。格式：卫食准字【年号】第××号。食品生产许可证 QS 是质监局发放的生产许可证，与食字号无关。

以上三者之间的根本区别不是效果。例如，"红桃 K"，既有"食准字"，又有"食健字"，还有"药准字"批文。又如，"中华灵芝宝"原来是"食健字"，现在是"药准字"，但两种批文的产品内容并无实质差别。

根本区别在于：审批程序的不同。"药准字"审批程序严格，花费高昂；"食健字"次之；"食准字"为地方批文。

[①] 中国国家食品药品监督管理总局。

新药品上市，研发费用、广告费用允许进入成本，所以价格都比较高。一段时间后（一般是一年左右）必须降价。降价一般是通过药品招标来强制实现的。而保健品、食品目前尚无这种招标降价机制。

5.1.2 医药产品的特征

医药产品是一种特殊的商品，具有以下特征：

1. 社会公共性

延续是生命的本能，人类也不例外。人类的生物本能一直在促使人类尽可能地增进健康、延长生命以保证人类的繁衍。药品因其特殊功效而倍受重视。在现代社会，享有健康的权利和生命的权利是受法律保护的基本人权。因此，药品关系到整个人类社会的繁衍和发展。药品的社会公共性是建立全民医疗保健和医疗保险制度的依据。

2. 种类复杂性

全世界有 20 000 余种医药产品，我国目前中药制剂约 5 000 种，西药制剂约 4 000 种，由此可见，药品的种类复杂、品种繁多。

3. 适用的局限性

药品不是一种独立的商品，它与医学紧密结合，相辅相成。人们在多数情况下只能在执业医师和执业药师的指导下，甚至还要在医护人员的监护下，才能合理用药，达到防病治病、保护健康的目的。若滥用药物，则容易造成中毒或产生药源性疾病。

4. 质量的单一性

药品的物理、化学、生物药剂学、安全性、有效性、稳定性、均一性等质量指标必须符合国家规定的标准。只有符合国家标准的药品，才能保证疗效。低于或高于规定的质量标准都可能降低甚至失去药品的疗效或者加剧药品的毒、副作用。因此，它不像其他商品一样，有质量等级之分，如优等品、一等品、二等品、合格品等。药品只有符合规定与不符合规定之分，进入流通渠道的药品，只允许是合格品，绝对不允许有次品或等外品。

知识拓展 5-3　GMP 和 GSP

GMP 是英文 Good Manufacturing Practice 的缩写，中文的意思是"良好作业规范"或是"优良制造标准"，是一种特别注重制造过程中产品质量与卫生安全的自主性管理制度。它是一套适用于制药、食品等行业的强制性标准，要求企业从原料、人员、设施设备、生产过程、包装运输、质量控制等方面按国家有关法规达到卫生质量要求，形成一套可操作的作业规范帮助企业改善卫生环境，及时发现生产过程中存在的问题，并加以改善。

我国自 1988 年第一次颁布药品 GMP《药品生产质量管理规范》，其间经历 1992 年和 1998 年两次修订，2004 年 6 月 30 日实现了所有原料药和制剂均在符合药品 GMP 的条件下生产的目标。

GSP 是英文 Good Supply Practice 的缩写，意即"良好供应规范"，是控制医药商品流通环节所有可能发生质量事故的因素，从而防止质量事故发生的一整套管理程序。医药商品在其生产、经营和销售的全过程中，由于内外因素的作用，随时都有可能发生质量问题，必须在所有这些环节上采取严格措施，才能从根本上保证医药商品的质量。

1998年，国家药品监督管理局成立后，总结了十几年来GSP实施经验，在1992版GSP的基础上重新修订了《药品经营质量管理规范》，并于2000年4月30日以国家药品监督管理局令第20号颁布，2000年7月1日起正式施行。2012年11月6日，新的《药品经营质量管理规范》经卫生部审议通过，自2013年6月1日起施行。

5. 作用的两重性

药品可以防病治病、康复保健，然而"是药三分毒"，药品又有不同程度的毒、副作用。所以管理有方、用之得当，药品就能治病救人，保护健康；反之，则会堕落成可怖的毒药，危害人体健康和生命安全。

6. 鉴定的专业性

药品质量的优劣、真伪，一般消费者难以识别，必须由专业的技术人员和专门机构依据法定的标准，运用科学的方法和合乎要求的仪器设备，才能做出鉴定。

5.1.3 医药产品需求特征

药品不同于一般商品，其主要作用是用于治疗或预防疾病，它是与人的健康甚至生命相关联的特殊产品。由于疾病的破坏性，让人们对疾病产生恐惧和无奈，这使得追求健康成为顾客对药品需要的根源，对药品的需求表现出以下几方面特征：

1. 需求的被动性

健康需求是人生理需求的一部分，它的产生是不能完全自主的。这是由于疾病的产生、治疗的过程以及药品的内在技术性，都不能由患者完全自主控制。遗传、环境、个性等多种因素的存在导致人们无法左右疾病的产生；而疾病的内在复杂性又使得人们需要借助于专业人员和专业技术才能确诊疾病和确定治疗方法；药品的内在技术性决定了人们需要专业人员帮助，以对其进行科学用药指导。

2. 需求的急迫性

急迫性需求是指急切需要满足的需求。这种需求一旦产生，如果不能及时得到满足就会给人们带来生理发病的非预期痛苦，更加剧了健康需求的急迫性。

3. 需求的不可替代性和目标指向性

普通的生活用品可以找到很多替代品，没有牛奶可以喝豆浆，猪肉涨价了可以改吃鱼，但药品总体上是不可替代的，人生病了大多数情况下只能吃药，而不能用其他方式来代替药品的治疗，只能选择特定的药品或服务才可满足，其他大多数药品对于顾客的这一需求不起作用或没有意义，因此，顾客对需要的药品种类有很强的针对性，且目标指向集中。

4. 需要量的精确性

对某一特定顾客的特定需求而言，其对药品需求的数量非常精准，既不能多，也不能少。用量少了，治疗效果不显著，甚至达不到治愈的目的，延误病情；用量多了，药品的不良反应会增加，一次用药量超过治疗量时也容易导致中毒甚至死亡。过剩的药品保存起来也未必对下次疾病适用，过期失效后也增加了顾客的支付成本。一般来说，能够实现治愈现实疾病的量是最为合适的一次购买量。常年病患者则可以按一个周期、一个疗程的用量作为购买参考，其一次性购买量也并不大。

5．需求缺乏弹性

普通商品的需求会随着人们收入和商品价格的变化而发生明显的变化，但药品需求却较少受到上述因素的影响。这是因为人们一旦患病就必须立刻治疗，即便严重压缩其他需求，也要保证药品的需求。另外，药物用量的精确性也使得药品需求的弹性大大降低。

5.2 医药产品营销策划知识

5.2.1 医药产品营销的相关概念

1．医药市场

医药市场是指有购买力、有购买愿望的医药产品的顾客群体。按照顾客购买目的或用途的不同，医药市场可分为医药组织市场和医药消费者市场两大类。医药组织市场是指以某种组织作为购买者所构成的市场，购买目的是为了生产、销售、维持组织运作或履行组织职能。该组织市场是由医药生产企业、医药商业企业、药品零售企业、各级各类医院和诊所、政府机构等所组成的。医药消费者市场是指个人或家庭为了满足其防病、治病、强身健体等生活需要而购买药品和接受服务所形成的市场。

2．医药市场营销

医药市场营销是指个人和医药组织（集体）通过创造、出售，并同别人自由交换医药产品和价值，以获得其所需所欲之物的一种社会过程。它包含以下几个要素：

（1）医药市场营销的主体是个人或医药组织。
（2）医药营销的客体是医药产品和价值。
（3）医药市场营销的核心是交换。
（4）医药市场营销是一个社会过程。
（5）医药市场营销的最终目的是有利益地满足需求。

案例 5-2　药店：从"让顾客满意"到"让顾客感动"

目前，"提高服务质量，让顾客满意"已成为商家的共识，各药店在这方面也费尽了心机，做足了文章。然而在新的经济环境中，被奉为金科玉律的"让顾客满意"已不足以让商家在激烈的市场竞争中赢得顾客的青睐与忠诚，现在的市场已从"围绕商品战斗"转向"围绕感觉战斗"，"让顾客感动"正成为当今新的营销砝码。

某新特药公司李店长的经营之道值得同行们借鉴。对于来药店买药的顾客，李店长都要求店员开具发票并记下顾客的地址、姓名，到年底进行年终核算时，把每位顾客在本年内消费的累计金额总数计算出来，再从每位顾客为药店带来的纯利润中抽出10%作为回报，返给各位顾客，并附简单说明和问候语。在某些人眼中，已经到手的利润"不要白不要"。李店长的做法显得很"蠢"，但实际上，这才是真正的高明之处。此举可谓是"感情投资"，收到返回来的钱后，顾客先是出乎意外，继而大受感动，免不了把它当作新闻向亲戚朋友传播，无形中充当了药店的义务宣传员，而顾客本人自然会不断光顾药店。这样，药店既招来了回头客，又增加了新客源，比花大价钱在媒体上登广告强多了。

李店长认为，作为一个药品经营者，要想吸引顾客，除了药品质量好之外，还要学会投顾客所好，使顾客觉得你不只是为了赚钱，而且还很有人情味儿。要变"卖"为"买"——向顾客买信赖、买忠诚，买他们的心。"感动顾客"，就要抓住顾客的心。在为顾客提供服务的过程中，使顾客感受到一连串的关心和爱护，如此才能在竞争中立于不败之地。可以说，从"让顾客满意"到"让顾客感动"，是药品营销道路上一次质的飞跃。

5.2.2 医药产品营销的特征

1. 医药企业众多，竞争激烈

目前中国医药生产企业数量众多，2011年就达12 207家。还有很多的外国知名医药企业看准中国市场，功效完全相同的产品不计其数，还有类似功效的产品，竞争非常激烈。医药经营企业则更多，2012年全国就有42.3万家药店。

案例 5-3 强生在中国的发展

美国强生自1992年进入中国，一直保持销售额及利润的快速增长。至今公司投资注册资本已达1亿多美元。二十余年来，强生始终专注于公益事业的建设与投入，特别是在2000年以后，强生开展了一系列以品牌为中心的公益活动，如校园送关爱、关爱儿童运动、强生社区行、家长健康安全学校等。这些持续的品牌投入不仅让强生多年来持续保持10%以上的销售增长率，同时也让强生形成了"儿童卫士"和"可信赖的家庭医生"的良好企业形象和口碑。正是对品牌美誉度的重视，造就了强生公司的长盛不衰。

2. 营销策略同质化严重

目前，我国医药市场成熟度不高，产品的科技含量总体不高，厂家进入门槛不高，加上政策监管不完善，导致产品同质化现象日益严重，一旦某一药品畅销，就会迅速有多家厂家跟进，这种产品的生产企业就可能达到几家、十几家甚至几百家。产品同质化必然导致生产企业之间恶性竞争，而通常采取的竞争手段就是打价格战，有的价格已经降到了企业难以承受的地步。例如，哈药集团制药六厂的新盖中盖畅销后，药店出现了很多其他厂家生产的钙片，名字相同，包装大同小异，但价格、每颗钙片的分量却都不同，让顾客无所适从。

3. 医药营销针对处方药和非处方药有不同的促销策略和渠道模式

国家对药品实施处方药和非处方药的分类管理。国家对二者的管理政策有很大差异，对于处方药，国家规定其不能在大众媒体上做广告，只能在专业媒体上做广告。二者的营销渠道也不尽相同，大部分处方药主要是通过医院渠道来销售，而大部分非处方药是通过零售药店渠道销售。此外，医生在处方药和非处方药销售中的地位也不同，处方药必须有医生的处方才能进行销售，因此对处方药和非处方药必须实行不同的促销策略。

案例 5-4　香港澳美制药的另类促销

由于产品阿莫灵、澳广都是处方药,无法进行广告宣传,于是香港澳美制药公司精心策划了一起新闻事件。2005年8月,一封向国家卫生部建言普及肺功能检查、将肺功能检查列入常规体检项目的特快专递自香港寄出,建议单位正是香港澳美制药公司。第二天,《慢阻肺成生命第四杀手,香港澳美建议:将肺功能列入常规体检项目》《药企上书卫生部,体检标准不该"重肝轻肺"》《体检不该"重肝轻肺"》等相关新闻报道纷纷见诸媒体,近三百家平面媒体参与了报道。这次新闻事件,使得香港澳美、阿莫灵、澳广被作为一个有机整体出现在公众的视野中。同时,香港澳美这一公司品牌第一次曝光除了引起业界的关注外,同时因为其从患者利益出发、为患者健康着想的真诚举动而赢得医院、销售渠道和广大消费者的尊敬和称道。

4. 医生在医药营销中起到了重要作用

消费者购买决策过程的参与者有五种角色:发起者、影响者、决策者、购买者、使用者。在处方药消费过程中,医生一般对发起者、影响者、决策者这三者起重要作用。因此,医生便成为营销人员最为关心的角色,处方药的促销策略一般都是以医生为中心。

5. 药品营销更加需要注重社会责任和道德因素

随着社会生产力的发展和市场经济的发展,社会责任已经成为衡量一个企业的重要标志。"医乃仁术",现代医药企业的社会功能包括研制新药、生产供应药品、保证用药安全有效、服务公众健康等,具有专业性和商业性的双重特征。而其专业性让医药行业不同于其他行业,必须担负更大的道德责任和社会责任,为社会提供健康的药品、医疗设施和服务是其最应当履行的社会责任的本质。然而,某些医药企业为片面追逐利润最大化,置广大消费者和社会利益于不顾,严重违反法律和道德原则,诸如在市场上生产和销售假冒伪劣药品、采取不正当手段牟取暴利、制作及播放虚假广告、诱惑及强迫消费者购买等。

案例 5-5　步长集团再捐 1 亿元,启动 2010 年"共铸中国心"公益行动

"共铸中国心"大型公益行动计划实施于2008年5月16日,是由全国优秀医务工作者共同倡导发起的一项社会化公益行动。该活动以关注、解决西部穷困地区心脑血管疾病的防治工作为宗旨,帮助西部地区的人们树立健康意识,掌握健康知识,建立健康行为。"共铸中国心"公益行动的启动在全国掀起了公益营销的浪潮。

为了将"共铸中国心"大型公益活动落到实处,造福西部地区群众,由中国社会工作协会、北京市红十字会、《公益时报》、步长(制药)集团共同组建"共铸中国心"组委会,并设立"共铸中国心"专项公益基金及权威专家委员会,旨在进行西部老、少、边、穷地区心脑血管疾病的防治工作,改善西部地区群众的健康状况,提升当地医疗救治水平。

2010年2月2日,"共铸中国心"正式上升为国家公益项目并成立全国性的"共铸中国心基金"。步长集团总裁赵涛代表公司向基金捐赠1亿元人民币作为启动资金。

"共铸中国心"组委会公布,2010年"共铸中国心"行动把支援重点放在内蒙古的阿拉善盟和乌兰察布市部分地区。这一地区地广人稀,医疗卫生资源较为匮乏,是各种地方病及慢性病高发地区，心脑血管疾病最为多见，又以牧民居多，严重影响了当地人民群众的生活健康。

"共铸中国心"行动内蒙古站活动内容主要包括调研培训、义诊巡诊、救助救治、健康宣传、爱心捐赠等，来自首都的医疗专家走进社区、村镇，将健康知识、义诊送到百姓家门口。

5.2.3 医药产品营销策划的要求

1. 医药产品策划的原则

（1）真实性原则。医药产品策划的真实性原则，是指策划的内容必须客观、真实、准确地反映医药产品的有关特征、效果，不能做夸张的、虚假的或者令人误解的宣传。好药治病，劣药致命，医药行业作为关乎国计民生的核心行业，也是充满爱与责任的沉甸甸的行业，其营销策划应该本着真实性的原则，怀着对生命的高度敬畏之心，把品质卓越、疗效确切、安全可靠的药品提供给患者。

案例 5-6　劣质阿胶事件将重创阿胶生产企业

早在1996年央视就曾曝光过假阿胶事件，时隔14年后央视再次曝光劣质阿胶，央视报道中表明不法阿胶生产企业用混了牛皮的下脚料做原料来熬制阿胶，生产过程中这些原料甚至已经腐烂变质。

经过曝光后，民众对阿胶的态度会如何呢？据了解，大部分民众表示自己再也不会食用任何阿胶制品了，极少一部分民众表示自己将会鉴别后继续食用。另一项网络调查则显示，参与调查的95%以上的网民认为市场上所有的阿胶制品其实都是这样制作出来的，仅有2.5%的网民认为市场上仍有正宗的阿胶制品。

经过央视这次曝光后，我们不难想象短期内阿胶制品市场将面临怎样的境地，民众在选购阿胶制品时心中又会有怎样的疑虑。不法阿胶生产企业亲手破坏掉阿胶市场，断绝自己的活路，更为严重的是这将波及整个产业链，即便是正规阿胶生产企业也将遭受重创。

（2）调查研究原则。策划应以调查研究为前提。策划前须调查清楚以下问题：目标用户群是什么样的人？目标市场到底有多大？目标用户对于价格、包装的看法是怎样的？怎样的推广才能够到达目标用户群？目标用户群中多少人会购买该产品？竞争对手是谁？他们在市场上的状况怎样？如何制定与竞争对手的竞争策略？

案例 5-7　哈药三精制药厂打造儿童钙剂市场领导品牌

1996~1997年间，苏州立达制药有限公司生产钙尔奇-D，上海施贵宝生产小施尔康，这些药企的宣传已经把补钙及补充微量元素的观念传播给了中国的老百姓。哈药三精制药厂的葡萄糖酸钙口服液1991年5月正式投产以来，在没有固定销售计划的情况下，销售收入一直保持在每年2 000万元左右，已成为哈尔滨地区各大医院治疗儿童缺钙症的首选药品。另外，市场调查结果表明：消费者普遍认为葡萄糖酸钙口服液口感好，儿童可以接受，81.5%的消费者认为该产品定价尚可接受。通过进一步调查，哈药三精制药厂惊奇地发现：

1）大多数消费者认为补钙产品都是保健品。
2）消费者普遍知道补钙对儿童尤为重要，但不知道如何选择。
3）家庭用药及保健品的主要消费者和购买者是 24~45 岁的妇女。
4）药店店员和消费者认为缺少真正适合儿童的补钙药。
5）大多数消费者认为孩子不愿吃补钙药主要是口感的问题。
6）70%的药店店员认为他们可以影响购买者的选择。
7）消费者能说出一些补钙药品的名字，但不能描述其特点。

可见，消费者已对补钙有了一定的认识；婴幼儿及儿童缺钙患者人群较大，但没有适合的补钙药物；消费者只知道缺钙对身体有害，但在用药上比较盲目。由于饮食结构的变化，儿童缺钙的普遍存在的确困扰着视子如命的家长们。而葡萄糖酸钙口服液正是针对儿童补钙而研制的。

另外，从消费者对钙产品的不熟悉可以看出，补钙产品缺少差异性。尤其是钙产品生产厂家，并没有重视自身产品和竞争产品存在的差异，一味跟风，使得钙剂市场产品需求线不够清晰。

经过反复论证，最终，葡萄糖酸钙口服液被定为主打产品之一，哈药三精制药厂对葡萄糖酸钙口服液进行了全方位的营销策划推广，最终确立了该产品为儿童钙剂市场领导品牌的地位。

（3）系统性原则。当今的市场，无论是生产、销售还是传播，都是系统的工程，为使系统最优化，必须对系统中各组成要素全盘考虑，并且要与外部环境协调起来，注意每一个因素的变化产生的影响。坚持系统性原则，就是要把策划作为一个整体来考察，在系统整体与部分之间的相互依赖、互相制约的关系中进行综合分析，抉择最优方案，以实现决策目标。

案例 5-8 2005 年"健康之星天士力行"活动启动

2005 年 4 月 25 日，来自河北、黑龙江、吉林、辽宁及新疆的百余名老人走进位于天津北辰科技园区的天士力现代中药城，参加 2005 年"健康之星天士力行"活动。

自 2001 年 6 月，天士力集团启动"健康之星天士力行"活动以来，已成功举办了 4 年，共有 25 批 4 000 余名健康之星走进天士力，交流健康知识，并亲身感受中国中医药的无穷魅力。

每一期的健康之星都经由天士力各地健康服务公司报名筛选核实后产生，他们健康用药的体会不仅成为老人们欢聚一堂共叙的话题，更为企业继续提升产品质量、完善服务提供了宝贵的经验。在健康之星座谈会上，来自河北唐山 55 岁的李志兰老人退休前在卫生系统任职，从事医疗工作多年，她畅谈了多年来服用复方丹参滴丸的经历和给她生活带来的欣喜变化，最后老人表示非常愿意与还处在病痛中的人们分享自己的经验心得，帮助他们尽早摆脱病魔，享受健康快乐的生活。

在为期两天的参观活动中，老人们看到了天津首家"全国工业旅游示范点"——天士力现代中药城中独具现代中药企业文化魅力的各种景观建筑，并通过数字化多媒体监控设备目睹全球规模最大的新一代全自动计算机控制的数字化滴丸剂型生产线以及现代中药有效成分专业提取和标准化生产制造的全过程。老人们亲身感受到每一粒滴丸都是运用先进的科学仪器、优质的原材料，经过严格的工序、层层检验，才被生产制造出来的，这大大增强了他们服用现代中药产品的信心。通过与专家的交流，老人们知道了丰富的产品知识和相关研究的最新进展反馈，这为他们今后更加安全有效地用药提供了很大的帮助。

"健康之星天士力行"活动不仅搭建了企业与消费者零距离接触、真诚沟通的平台，也为天士力传播"追求天人合一，提高生命质量"的大健康理念提供了广阔的空间，开创了医药企业服务营销的全新模式。

（4）创新性原则。创新性要求营销策划的创意语言要新，表现手法要新，要有新的艺术构思、格调和形式。例如，在竞争激烈的减肥产品市场上，婷美减肥美容胶囊有着与其他减肥产品明显差异化的、创新性的"阻糖"概念，因此在广告宣传上就起到了事半功倍的传播作用。

（5）可行性原则。营销策划是一个综合性的活动，是对资源的整合，涉及的范围非常广泛。因此，在考虑营销策划方案的时候，必须要考虑执行的可行性。同时，要充分考虑策划的各个环节，确保策划到位。

2. 医药产品营销策划的核心——差异化

策划的根本就是解决市场营销最核心的问题——产品差异化问题，即如何彻底与同类产品区别开的问题。这种差异化主要表现在以下两个方面：

（1）产品内涵差异化。产品内涵差异化指的是产品的定位、细分、目标、功效等概念的灵魂性体系的差异化，概念营销就是产品内涵的一个重要方面。一个新的产品上市前所要做的工作：首先是确定产品定位，明确产品面向的消费者群体；其次是对群体进行细分，寻找最有价值的目标群体；最后，根据目标群体的消费习惯和喜好，结合产品的实际功效，给予科学的和实用的宣传。

案例 5-9　创新产品概念——"白加黑"感冒药

企业深入消费者了解到，一般感冒药，吃了后觉得很困，白天工作没精神。针对这一情况，企业不惜资金，研制出一种感冒新药——白加黑。企业强调白天吃白片，夜晚吃黑片，白天有精神，夜晚睡得香。产品投放市场后，立即受到消费者的青睐。

（2）产品外延差异化。产品外延差异化是指采用差异化的营销模式以及传播、渠道、促销等手段将产品的内涵低成本化地展示给目标消费者。所谓低成本化，就是指采用科学的媒体组合，在产品发展的各个阶段配合不同的媒体策略，以达到低成本地开发目标群体、对差异化内涵进行分阶段诉求的目的。

3. 医药产品营销策划的法则

（1）强调第一印象。第一印象非常关键，它将直接关系到消费者对产品的认知取向。如果不摸清大众的消费心理和价值取向就随意上市，很容易导致消费者对产品产生不信任感，最终使产品上市失败。

（2）顺从大众的消费心理与思考习惯。策划须在产品的内在诉求、使用习惯、购买习惯、文化背景上尽量争取消费者的认同，使产品在设计及使用上顺从大众消费心理。例如白加黑感冒片,"白天吃白片,不瞌睡,晚上吃黑片,睡得香",非常到位地考虑到大众白天工作(要求不瞌睡)、晚上休息的习惯。

(3)四两拨千斤。营销传播要求讲究四两拨千斤,不是所有媒体全部运用,而是根据目标消费者的媒体喜好科学地整合媒体资源。例如,宛西制药"仲景牌"六味地黄丸为开拓西安市场曾对西安30个电视频道、十几个电台、五大报纸进行科学整合,以主诉媒体、辅助媒体、配合媒体三个层次确立广告费用的投入,从始至终坚持"小费用做大市场"的营销原则。

(4)功效诉求不超过三个。医药品宣传的常见误区是以为产品功能越多,吸引的消费者越多,所以有的企业恨不得把所有的功能都说完,以期最大限度地扩大市场。在消费个性化的时代,专业的、单一功效的产品更容易吸引消费者的注意,越是大而全的产品越容易让消费者怀疑。因此产品诉求点应在三个以内,这样才能让消费者快速了解、记忆、信任。

(5)理论完整,阐述清晰。一个定位鲜明、目标准确的产品必须有一套科学、系统、通俗的产品机理(所谓机理,是指为实现某一特定功能,系统中各要素的内在工作方式以及诸要素在一定环境条件下相互联系、相互作用的运行规则和原理)做支撑,特别是医药品,好的机理有助于消费者快速认识并最大限度地信任其产品。产品的机理应力求简单、明了、通俗,争取在最短的时间内打动消费者,使消费者信服,最好不要超过6句,否则多数消费者没有耐心看完。例如"健长灵"的机理阐述:身材矮小是脑垂体分泌生长素不足造成的,而脑垂体分泌不足是因为缺乏L赖氨酸,L赖氨酸是人体自身无法合成的,健长灵就含有这种赖氨酸。该阐述简单明了且有效,消费者在很短时间内就能记住健长灵产品的机理。

 案例5-10 医药保健品营销需重点突出产品治疗机理

在医药保健品营销领域,概念说白了其实就是产品的治疗机理。好的机理能有力支撑起产品光艺四射的核心利益点,使疗效承诺更具有可信度,直接促进产品销售;不好的机理则使患者如坠云雾,不知所云。患者在经历过无数次惨痛的"被忽悠"后,大多数已练就一双"火眼金睛",任你自说自话,我自岿然不动。导致的直接结果是,众多医药操盘手感觉报纸、电视、电台各种媒体都不好使了,以前一期广告能接300多个电话,现在连一二十个都接不到了。事实上,今天这种举步维艰的营销环境,在很大程度上是由医药人自己过度承诺、恶性竞争等违规手段造成的,信任危机的恶果必然由整个行业来承担。因此,成功概念的核心要紧贴患者头脑中的固有认知,而不是全盘创新,这样才能获得患者的认可。

以中医药理论体系为例,虽然看似繁复,其实完全可以用三个字来概括——通、排、补:①通:绝大多数人都听过并认同中医的"通则不痛,痛则不通"。所谓通,就是指气血津液运行通畅,如果局部有病变就会阻滞气血运行,形成瘀症,表现出痛的症状来,要做到通则不痛,就要消除瘀症,使气血运行通畅。利用"通"理论为概念载体的有万通筋骨贴、汝婷乳宁等,都取得了成功。②排:很多人看到这个字就能联想到"排出毒素,一身轻松"。可见盘龙云海概念做得多么经典,一句话就说到人心里去了。同样借此东风扶摇直上的还有"碧生源"常润茶,与排毒养颜胶囊有异曲同工之妙。③补:男人需要补,因为他们容易肾虚;女人需要补,因为特殊的生理结构导致她们气血两亏;老人需要补,因为需要多种营养;孩子更要补,长身体的时候钙、铁、锌、硒、维生素哪样少得了?于是乎,汇仁、东阿、健特个个赚得盆满钵满。

实训1 搜索技能训练——医药产品形象策划方案搜索

【实训目的】
(1) 能搜索到一份完整的医药产品形象策划方案。
(2) 能清晰表达出该医药产品形象策划方案的内容。
(3) 能总结归纳出该医药产品形象策划方案的特点。
(4) 能简要说出选择该医药产品形象策划方案的理由。

【实训指导】
(1) 布置任务：将学生按每组 6~8 人的标准划分成若干个任务小组，每个小组成员搜寻一份医药产品形象策划方案。
(2) 搜索选择：各小组成员总结归纳自己所搜寻到的医药产品形象策划方案的特点，列明选择该医药产品形象策划方案的理由，之后形成医药产品形象策划方案实训报告。
(3) 课堂陈述：各任务小组成员上交医药产品形象策划方案实训报告，由指导老师从每组中选择一份具有代表性的医药产品形象策划方案实训报告，并邀请其代表小组上台陈述。
(4) 评价效果：各小组代表陈述后，指导老师点评该次医药产品形象策划方案实训的情况，并由全班同学无记名投票，评选出该次实训的获奖小组，给予表扬与奖励。

【实训模板】

祝强降压仪品牌形象策划方案

一、策划目标

以第三代微计算机治疗仪为主打产品，带动全产品线的销售上升，逐渐通过整合市场资源，深挖目标需求来牢牢树立祝强降压仪的领导品牌形象，以"治疗高血压专家"的品牌形象拉近与主力消费群的距离，形成倾向性购买的第一选择，拉大与其他竞争对手的距离，使市场占有率提高到95%以上，实现年销售目标50万台，销售额1.5亿元。

二、市场环境分析

1. 高血压患者人群分析
(1) 数量：15 岁以上人口的高血压标准化患病率为 11.95%。
(2) 地域分布：患病率由南向北，基本呈阶梯递增。
(3) 年龄分布：随年龄增长呈递增状。
(4) 城乡分布：城市高于农村两倍。
(5) 职业分布：脑力劳动高于体力劳动。

2. 高血压的成因
(1) 工作/职业：如精神高度紧张。
(2) 家族遗传。

(3) 饮食习惯：如嗜盐。
(4) 其他：如吸烟、嗜酒。
3. 高血压的治疗途径
(1) 目前以药物治疗为主。长期服用药物，对身体损害严重，药物的毒、副作用大。
(2) 非药物治疗：
1) 针灸疗法、磁场疗法、气功疗法等。
2) 降压仪治疗技术：以中医的经络理论为依据，结合全息生物理论，在治疗高血压方面效果显著，成本低，无副作用。
4. 高血压患者对降压仪的认可度
患者认同降压仪的治疗方式，见表5-1。

表5-1 患者对两种治疗方式的认可程度

年龄构成	药物治疗高血压（%）	降压仪治疗高血压（%）
30~45岁	62.5	79.9
45~60岁	58.3	84.6
60岁以上	40.2	87.7

5. 祝强降压仪的治疗原理
祝强降压仪通过对高血压患者的耳背沟穴的生物电位调整来降低血压，使高血压患者康复，其理论支持为中医的经络理论与生物全息理论。
6. 患者对降压仪的评价
祝强降压仪的知名度、产品信誉、治疗效果都领先其他品牌，见表5-2。

表5-2 对四种品牌的调查结果

品牌	知名度（%）	产品信誉（%）	治疗效果（%）
祝强	87.8	92.6	96.7
佳俊	30.65	72.45	84.3
金海耳	23.5	64.8	82.1
小护士	16.7	73.6	80.2

7. 患者关注的问题（见表5-3）

表5-3 患者关注的问题

调查项目	药物治疗高血压（%）	降压仪治疗高血压（%）	关注降压仪强度
副作用高	92.75	5.65	4
治疗方便	60.9	90.2	3
安全性好	63.4	96.5	1
经济性好	43.5	92.1	2

8. 结论
祝强降压仪在品牌知名度、产品信誉度都较高的前提下，应强化其功能性诉求，即安全的降压仪、经济的降压仪、治疗效果好的降压仪。

三、机会点与问题点
1. 机会点
由高血压造成的各类心脑血管疾病患者日益增多，市场需求不断膨胀，与各类副作用大、周期长、疗效不明显甚至反复的药物相比，降压仪若引导得当，必将扩大从药物治疗转到仪器治疗的购买使用范围。祝强入市早，产品力强，形象好，具有广泛健全的营销网络，若辅以充分整合的传播策略和到位的诉求表现及合理的媒介支持，必将扩大已有消费群的影响力，真正达到"大家都知道，大家都叫好"的市场口碑。

2. 问题点

由于其他竞争对手实力强劲，抢占市场份额，加上仿造产品出现，使得倾向于购买降压仪的患者唯广告是从，盲目追求性能价格比而不考虑疗效，将祝强降压仪视为老产品而不乐于追随。

四、竞争对手分析

第一竞争对手金海耳，以强劲的广告攻势"中关村冲击高血压"为诉求，逐渐抢占市场份额。

金海耳的承诺：①使用效果承诺：试用30天没效果拿回来，无效退款；②产品支持与利益承诺：国家临床实验基地发布报告《中关村冲击高血压》，依靠来自中科院的科技背景，可信真实，有权威性；③购买方便性承诺：电话订货，专业人员送货上门，24小时内送到。

此外，更有佳俊、小护士等后续品牌均以相似的广告攻势对祝强降压仪的领导地位发起冲击，意在长期建立品牌形象和市场占有率。

五、推广策略

1. 推广要点

（1）一次一轰动。

（2）大量使用病例。

（3）开发二级城市、中西部地区和村镇市场。

（4）义诊巡回：售货、咨询、服务三位一体。

（5）义诊巡回重点区域：居委会、敬老院、老干部活动中心、老龄委员会、社区活动中心。

2. 推广角度

以高科技为依托，缘于传统的中医药学、经络学。

3. 推广方式

以观念——效果广告为线索，以服务营销为手段，通过理论宣传占领消费者的思想阵地；通过效果宣传激发消费者的购买欲望，产生购买行为；通过服务，提高消费者的满意度，增强消费者对祝强的忠诚度。

六、广告目标与整合传播策略

1. 广告目标

重新强化祝强降压仪的领导品牌形象，使目标消费者深入了解祝强降压仪"三好一公道"的产品卖点，从而牢固占领市场份额，树立起第一品牌的产品形象。

2. 整合传播策略

（1）传播主题：祝强降压仪，三好一公道。

（2）传播重点：三好一公道。

1）服务好：24小时送货，电话订货咨询，全年保修。

2）使用好：副作用小，方便操作。

3）疗效好：15分钟降血压，1天2次，轻松每一天。

4）一公道：价格公道，性能价格比高。

3. 主广告语

祝强降压仪，三好一公道。

七、媒体传播策略与媒体选择

综合上述对产品营销环境的分析和其所针对的特殊消费群体，在产品深入市场的前期宣传上采用点面结合、媒体组合实施且互相呼应的立体宣传方式，多渠道、多方位地对产品的特点、主要功能和使用方法等方面进行宣传，着重加强北京地区的广告宣传，力求在三个月的时间里通过重点、高频率的宣传牢固强化产品及品牌的知名度，提高消费者对新产品的理解度及广告说服的深度，引导消费者进行尝试。

1. CCTV-1《夕阳红》栏目

《夕阳红》是CCTV（央视）十大优秀栏目之一。内容上分有社会专题、科技健康知识、新闻、服务、娱乐五类十三个板块，几乎容纳了老年人生活的各个方面，满足了观众的多种需求，并培养了一批固定收视群（每天固定收视人数均在4 000万人左右）。而且随着社会的日趋老龄化，这一群体将进一步扩大，栏目广告针对性极强。

2. CCTV-1《健康之路》栏目

《健康之路》是一个以防病治病、强身健体为主要内容的知识性、服务性栏目。它是CCTV-1播出的唯一一套医疗卫生方面的杂志型栏目，由"健康视点""医林传真""本月话题""祝你健康"四个栏目组成。针对群众在防病治病中的一些错误观念和做法，为观众提供最权威的而且是最新的医学信息和知识。CCTV-1每周六播出，并在CCTV-2、CCTV-4每周重播5次。

3. 《北京晚报》

《北京晚报》是北京市民最喜爱的报纸之一，具有发行量大、贴近百姓生活的特点。读者群有社会各阶层人士，除了硬性广告外，可与科学卫生新闻专版合作，以合作栏目或开展有奖征文等形式展开宣传，版面设计应突破以往大量文字宣传的方式，将美、德、法的各种认证标志和权威认证重点排列推出，结合有创意的诉求表现。

4. 北京电视台《金色时光》栏目

《金色时光》是北京电视台唯一一个中老年人栏目，分社会版和生活版两个版块。在北京电视台二套节目首播后，在当周的一套节目重播两次，在北京有线台生活频道重播两次。其"养生保健""你不能，我能"栏目生动活泼、参与性强、趣味性浓，很受中老年观众的喜爱。

八、营销推广策略

营销推广主要采取"三个统一"的策略。

（1）统一供货：由企业统一向各地区总经销商，也是唯一的总经销商供货。

（2）统一价格：全国各地均采用统一的市场零售指导价，避免因地区间价格差异导致地区间互相压价倾销，以致市场混乱。

（3）统一服务理念：所有销售、维修服务人员均树立并坚持"关心用户，热心用户，让消费者放心"的服务原则，树立企业的亲情形象，使企业服务宗旨深入人心。

实训2 策划技能训练——医药产品形象策划方案创作

【实训背景】

根据以下资料，为天康药业有限公司制定一份内容可行的企业形象策划方案，要求先对企业进行SWOT分析，在此基础上，从企业的理念识别系统、行为识别系统、视觉识别系统等方面开展企业形象的策划。

一、企业简介

天康药业有限公司是一家有着40年历史的国有中成药骨干企业，集专业生产、销售及售后服务为一体。目前已能生产针剂、口服液、片剂、散剂、丸剂等十多个剂型，生产的药品对急、慢性肝炎和急、慢性胆囊炎有显著疗效；而且生产的部分药品也是育儿保健之良药。

二、企业发展经营情况

天康药业有限公司曾是省中成药行业规模最大、生产品种最多、产值最高、效益不错的骨干企业。最初，它占据了当地最大的市场份额，约占七成份额，并且其年市场增长率达到25%，但随着医药行业经营理念的更新和先进管理技术的发展，企业的发展逐渐无法与市场发展相适应，其管理技术和销售方式都逐渐被淘汰，企业仅能依靠以前老客户的支持而维持基本生存。当前企业面临的内外问题增多、牵涉面广、技术提升难度加大，企业经营难度增加，具体表现为：

（1）经营方式：以一种几乎是个体经营的方式，凭借业务员个人聪明才智和经验，上门推销，说服经销商。按销售额提取差旅费用和工资，业务员从某种意义上变成独立核算的经济个体，这种做法看似富有刺激性，但由于销售量极为有限，使业务员对企业毫无归属感。随着市场的巨大变化，这套陈旧的做法早已被新的市场规则淘汰出局。

（2）人员组织状况：主要职能部门有38个，其中28个是科室、10个车间、下属工厂。厂内管理人员编制占全厂职工人数的1/3以上；销售部门仅有十几个销售人员，却担负着全国各省市区的销售工作。

（3）企业员工的品质很好，他们具备种种质朴的美德：他们爱厂，对工厂有着深厚的感情；他们能吃苦耐劳，对脏和累没有怨言；他们不过分计较报酬，不把报酬看成第一要素。

（4）组织内部、人员内部矛盾重重，信息不畅，决策迟缓。企业组织虽说按照以生产为中心的架构建立，但既不符合现代企业面向市场的运作格局，也没有达到有效组织生产的目的。

（5）大部分员工思想观念陈旧，缺乏现代化大生产条件下的营销观念与组织纪律观念。从某种意义上来说，员工观念落后。

【实训要求】

（1）能认识并实现组织分工与团队合作。
（2）能撰写出符合格式要求的医药产品形象策划方案。
（3）能整理总结出医药产品形象策划课题分析报告。
（4）能清晰地口头表达出医药产品形象策划实训心得。

【实训指导】

（1）组建实训课题小组：将学生按每组6~8人的标准划分成若干课题小组，每个小组指定或推选出一名小组长。

（2）确定实训小组课题：每个小组根据医药产品形象策划背景资料的要求，完成一份医药产品形象策划方案。

（3）实施策划课题研究：各小组长根据医药产品形象策划的计划，调配资源，明确各组员的任务，并督促大家有效地完成任务，包括：医药产品形象策划方案的草拟、修改和定稿，医药产品形象策划课题分析报告的撰写、打印，以及小组发言等。

（4）撰写实训课题报告：每个小组完成一份医药产品形象策划的课题分析报告。

（5）陈述策划实训心得：由各小组推荐的发言人或小组长代表本小组陈述实训课题分析报告和实训心得。

知识训练

一、判断题

1. 从市场营销观念来看，用药指导、用药咨询都属于医药产品的范畴。（   ）
2. 非处方药是指不需要执业医师处方，是任何人、任何商铺都可以自由买卖的药品，如创可贴。（   ）
3. 药品和其他商品一样，有质量等级之分，如优等品、一等品、二等品、合格品等。（   ）
4. 药物用量的精确性使得药品需求的弹性大大降低。（   ）
5. 医药营销的客体是医药产品和价值。（   ）
6. 医药产品营销策划的法则要求产品功效诉求越多越好。（   ）

二、选择题

1. 按药品使用部位不同，可将药物分为（   ）。
   A. 国家基本药物   B. 内服药   C. 外用药   D. 注射用药
2. 医药产品具有如下特征（   ）。
   A. 质量的单一性   B. 效果确定性
   C. 适用的局限性   D. 不同品牌药效差异性
3. 按照顾客购买目的或用途的不同，医药市场可分为（   ）。
   A. 处方药市场   B. 医药组织市场
   C. 医药消费者市场   D. 非处方药市场
4. 处方药的促销策略一般都是以医生为中心，原因是在处方药消费过程中，医生一般对（   ）起重要作用。
   A. 发起者   B. 影响者   C. 销售者   D. 决策者
5. 把策划作为一个整体来考虑是指医药产品策划的（   ）。
   A. 经济性原则   B. 优先性原则
   C. 系统性原则   D. 可行性原则
6. 医药产品营销策划的核心是差异化，包括（   ）。
   A. 产品内涵差异化   B. 产品外延差异化
   C. 形象差异化   D. 功能差异化

三、案例题

1. 斯达舒广告策划案例分析

医药市场的激烈竞争，促进制药业竞相寻求自身产品的传播渠道和诉求方式。特别是处方药的广告传播，在遭受大众媒体的传播禁令后何去何从，成为商家冥思苦想的首要问题。

在这个问题上，修正药业可谓独辟蹊径，紧紧抓住人们的心理意识，借助谐音的效应，将自身产品"斯达舒"的功效、治疗对象升华为"胃（喂）！你好吗？"的亲情化诉求理念，巧妙地将产品和企业形象诉求融入亲情之中。一位历经沧桑的普通男子的洪亮声音——"胃（喂）！你好吗？斯达舒，关心就在身边"，给受众一种荡气回肠的充满个性的英雄气概。一句普通的问候，一声久别重逢的关怀，一道温暖心脉的呼唤，一缕牵肠挂肚的友情，充分展示个性化的人文关怀，使目标受众在观赏广告画面的同时，得到亲情化的心理寄托，从而在内心深处产生共鸣。

分析：

（1）斯达舒的广告策划包括了哪些诉求？

（2）斯达舒广告的成功策划给了我们怎样的启示？

2．"中医药文化中国行"案例分析

2010年3月11日，广州白云山和记黄埔中药有限公司（简称白云山和黄中药）举办"中医药文化中国行，'家庭过期药品回收'进社区——白云山和黄中药'六位一体'首次为社区健康提供立体式升级服务"活动，既方便了市民用药，又有利于环保。"中医药文化中国行，'家庭过期药品回收'进社区"首次把药品"永不过期"的关爱带进社区。3月11～15日，白云山和黄中药开展家庭过期药品免费更换活动。

2010年白云山和黄中药结合"中医药文化中国行"，以"六位一体"的形式服务社区健康。从预防、保健、养生、文化、经济、娱乐等多方面入手，以实现中医药文化巡展、治未病中医药养生讲座、中药足球群众体育娱乐健身活动、家庭过期药品回收（免费更换）活动、社区基层验方和孤本征集活动、社区中医药养生文化创作活动 "六位"和中医药养生保健"一体"的结合。

分析：

（1）该营销策划体现了什么样的市场营销观念？他们举办的营销活动属于产品整体概念的哪一层？

（2）说说该策划的成功之处。

第6章 房地产营销策划

目的要求

1. 能叙述和列举房地产的概念和特征。
2. 能叙述和列举房地产需求的特征。
3. 能叙述和列举房地产营销的概念和特征。
4. 能熟记和列举房地产营销策划的要求。
5. 能综合运用本章知识剖析现实案例。
6. 能依据案例背景撰写房地产整合营销方案。
7. 能撰写房地产整合营销方案技能训练报告。

重点难点

1. 房地产的特征。
2. 房地产营销的特征。
3. 房地产营销策划的要求。
4. 房地产整合营销方案的撰写。

案例导读

珠江国际城二期的营销策划

珠江国际城是北京珠江房地产开发有限公司(简称珠江地产)在北京推出的第五大项目,也是珠江地产在京推出的第一个郊区化住宅项目,是一个百万平方米的大型国际化生活社区,位于通州区永顺镇东北部,紧邻京哈高速,距离通州卫星城三公里。

珠江国际城二期秉承"好生活,在珠江"的理念,倡导"新洋屋运动",面向中高端客户群体推出欧式风格联排别墅,该别墅的功能定位为"双产权创富别墅"。这种别墅结合了"商、住、会客、写字"等多种功能,将别墅和商铺、私人会所(也可用作小型办公室)等功能融为一体。别墅分为四层,楼下是别墅沿街商铺部分,楼上是别墅居住部分,将"商墅"作为一种"新产品",能够满足多功能需求,为着眼于未来通州区良好的商业发展前景和交通前景、有志投资商业的精英人士精心准备。核心词为商住两用、双产权。价格定位在每平方米 11 500 元,并在住宅部分赠送了每平方米 1 200 元的精装修。

该项目的客户群定位为家庭月收入 1.1 万元以上,来源于 CBD(中央商务区)商圈、建国门商圈以及燕莎商圈的外企和上市企业的中高层管理者(为主)以及传播、金融、咨询等中小型私企业主(为辅),年龄主要在 35～55 岁,受过高等教育,拥有自己的爱车,家庭结构以三口之家为主、两口之家为辅。

在项目的宣传推广上,主打以下几个卖点:

卖点 1:发展商品牌。
卖点 2:创新产品。
卖点 3:上楼生活下楼生意,双产权精装修别墅。
卖点 4:比邻超大商场,赚取天下财富。
卖点 5:12 万平方米商业街,与财富共振。
卖点 6:财富咫尺,三大商圈相伴。

6.1 房地产基础知识

6.1.1 房地产的概念

常言说:"劳动是财富之父,土地是财富之母。"自古以来,土地在人们的生活中极其重要。随着社会的发展,土地在人们的日常生活和经济活动中扮演着越来越重要的角色。

一方面人类对土地的需求随人口的增加和社会的发展不断增加,另一方面大自然能给予人类的土地数量却是有限的。供求矛盾逐渐增加,在城市中尤其突出。城市土地面积的逐渐增多远远不能满足城市规模扩大的需要。城市土地供给日渐短缺,供求矛盾也越来越大,据统计,每年约有 5 000 万的农村人口向城市流动,致使城市人口密度增大,土地的利用强度加大,土地价格上扬。

土地数量的有限性,决定了土地资源的稀缺性随着需求的增加日趋严重,土地资产的价值将随着土地经济的加剧而日渐攀升,因此,就一般趋势而言,谁拥有了土地,谁就拥有了确保增值保值的可靠资产。

那什么是房地产呢?房地产是指土地、建筑物及固着在土地、建筑物上不可分离的部分以及附着的各种权益。从房地产存在的自然形态上来看,主要分为两大类,即土地和建成后的物业,包括物质实体和依托于物质实体上的权益。房地产又称不动产,是房产和地产的总称,两者具有整体性和不可分割性。

所谓"不可分割",是指不能分割或虽能分割但分割后会破坏房地产的功能或完整性。不可分割的部分包括为提高房地产的使用价值而种植在土地上的花草树木或人工建造的庭院、花园、假山,为提高建筑物的使用功能而安装在建筑物上的水、暖、电、卫生、通信、通风、电梯、消防等设备。

房地产具体包括土地、建筑物及其地上的附着物等。

(1)土地。土地分为生地、毛地、熟地三种类型。生地是指未开发的农地、荒地;毛地主要是指城市中需要拆迁而未拆迁的土地;熟地主要是指具备开发建设条件,立即可以开发建设的土地。

(2)建筑物及地上附着物。这是指建成后的物业,即已建成投入使用的建筑物及其附属设备与相关场地。它包括居住物业与商业物业两种。居住物业一般是指供人们生活居住的建筑,包括普通住宅、公寓、别墅等。商业物业也称"收益性物业",包括酒店、写字楼、商场等。

(3)房地产物权。这是指房地产的所有权以及由所有权衍生的租赁权、抵押权、地役权、典当权等。关于租赁权,可以这样理解:土地使用权获得者在其有效使用期限内将土地租给他人使用以获取收益,承租人即取得该块土地的租赁权。抵押权是指土地使用权获得者在其有效的使用期限内有以土地作抵押获取银行贷款或其他担保的权利。地役权是指利用他人土地供自己使用的权利。典当是指当户将其动产、财产权利作为当物质押或者将其房产作为当物抵押给典当行,交付一定比例的费用,取得当金,并在约定期限内支付当金利息,偿还当金,赎回当物的行为。典当权是指拥有以上典当的权利。

案例 6-1　成都巴黎都市配套齐全　生活教育应有尽有

巴黎都市房产项目在售房源面积为 75~78 平方米,为套二以及套二幻变套三的户型,最低 4 377 元/平方米,均价为 6 554 元/平方米。全款优惠 6%+1 万元,按揭优惠 5%+1 万元。

巴黎都市项目位居外神仙树绝版核心地段,整个项目由商业、写字楼、住宅、幼儿园组成,总占地 180 亩⊖,建筑面积 56 万平方米。它处于成雅高速、成绵乐高铁、绕城高速、机场高速、成牧大道组成的五纵三横交通格局中心位置。小区出门左转步行 5 分钟,即到 5 万平方米的北京华联旗舰店;出门右转步行 5 分钟到 24 万平方米的韩国城。不仅如此,巴黎都市经由机场路、大件路、川大路等城市大道,开车 10 分钟直达宜家、欧尚、凯丹、仁和春天百货(城南店)、伊藤等大型购物中心。同时,项目周边基础设施配套完备,学校、医院、银行、公园、电影院、农贸市场应有尽有。小区自带占地 1 万平方米的大型幼儿园,出门即是金苹果幼儿园、川师附小、双流外国语学校(及其附属幼儿园、小学、中学、高中)、盐道街外语学校(小学、初中)、川大、西南民大、信息工程学院等多所名校遍布周边。

⊖　1 亩=666.67 平方米。

知识拓展 6-1 土地、建筑物及其权属问题

投资房地产不管是购买还是租赁，都不可能回避以下问题，即土地、建筑物以及它们的权属问题。所谓"土地问题"，主要是指土地的使用年限等问题；所谓"建筑物问题"，主要是指其结构质量、耐用期限等一系列问题；而"权属问题"是指土地与建筑物归谁所有的问题。

6.1.2 房地产的特征

房地产作为一种特殊的产品，与其他工业产品有着明显的区别，有着自身的特征。

1. 位置固定性

房地产最重要的一个特性是其位置的固定性和不可移动性。每一宗土地都有其固定的位置，不可移动，这一特性使土地利用形态受到位置的严格限制。建筑物由于固着于土地上，所以也是不可移动的。

房地产的位置有自然地理位置与社会经济地理位置之别。虽然房地产的自然地理位置固定不变，但其社会经济地理位置却在经常变动。这种变动由以下原因引起：①城市规划的制定或修改；②交通建设的发展或改变；③其他建设的发展等。当房地产的社会经济地理位置由劣变优时，其价格会上升；反之，价格会下跌。

2. 产品的差异性

房地产的位置固定性决定了其产品的差异性，即市场上不可能有两宗完全相同的房地产。即使有两座一模一样的建筑物，由于其坐落的位置不同，周围的环境不相同，这两宗房地产实质上也是不相同的。因此，房地产很难简单复制和模仿，这也为房地产的营销策划带来了较大的难度。

3. 消费投资的二重性

房地产不仅是人类最基本的生产要素，也是最基本的生活资料。在市场经济中，房地产既是商品，又是一项人们最重视、最珍惜、最具体的财产。同时，房地产也是一种投资品，可以作为保值、增值的一种手段。因此，人们购买一宗房地产商品的同时也是在进行一种投资。

4. 相互影响性

房地产的价格不仅与其本身的地理位置、功能用途有直接的关系，而且往往还取决于周围其他房地产的状况。例如，在一幢住宅楼旁边兴建一座工厂，会导致该住宅楼的价值下降；反之，如果在其旁边兴建一个公园，可使其价格上升。房地产深受周围社区环境影响，不能脱离周围环境而单独存在。政府在交通、绿化、文教等公共设施方面的投资，能显著提高附近房地产的价值。

 案例 6-2 海航国兴城引进顶级配套资源

海航国兴城屹立于海口 CBD 中轴之上，与海南顶级显赫建筑为邻，自身项目配套也是

相得益彰。海航斥巨资引进加皇国际教育集团打造的国际双语学校，是海口首个中外合作学校，从小学到大学，为业主的孩子提供全方位的教育体系；引进国际医疗机构奥美德，以高品质服务和世界前沿医疗技术，打造海南岛最高端综合医院，广大业主在家便可轻松优享养生医疗资源；还有海航物业管理，提供金牌管家服务。这些都坚定了国兴城在海口人民心中 CBD 高端住宅标杆地位，受到了广大客户的热捧和支持。

5. 长期使用性

土地的利用价值永远不会消失，这种特性称为土地的不可毁灭性或恒久性。而建筑物一旦建成，其耐用年限通常可达数十年甚至上百年，因此，作为一种商品，可以在很长一段时间里满足消费者的需求，具有长期使用性或较高耐用性。这个特点决定了房地产这种产品无论是消费者购买还是开发商的营销策划都非常慎重，一旦失误，损失巨大。

6. 保值增值性

由于土地是不可再生的自然资源，随着社会经济的发展、人口的不断增长，对土地的需求日益扩大，建筑成本不断提高，因而房地产价格总的趋势是不断上涨的，从而使房地产有着保值和增值功能。

7. 易受政策的影响性

房地产的开发经营与使用都会受到政府法令和政策的限制和影响。这些限制和影响主要有三个方面：一是房地产的开发和使用受政府相关政策、法规和制度变动的影响，如《城市房地产管理法》《物权法》等；二是政府基于公共利益，限制某些房地产的使用，如城市规划对土地用途、容积率、建筑高度和绿地率等的规定；三是受到福利制度和社会保障制度的影响，如我国各级政府提供大量优惠条件协助开发的限价房、经济适用房、廉价房等住房保障项目等，这些都不同程度地影响着房地产的出售和出租。

8. 变现性差

房地产被认为是一种非流动性资产，其投资的流动性相对较差，由于把握房地产的质量和价值需要一定的时间，其销售过程复杂且交易成本较高，所以它很难迅速地转换为现金。房地产的变现性差往往会使房地产投资者因为无力及时偿还债务而破产。

9. 附加收益性

房地产本身并不能产生收入，房地产的收益是在使用过程中产生的。房地产投资者可在合法前提下调整房地产的使用功能，增加房地产投资的收益。例如，为了满足写字楼的租客对工作中短时休息场所的需要，可以增加一个酒水吧。

10. 房地产消费反映出较强的社会风俗和生活习惯

房地产的消费除了受到一般的商品消费偏好影响外，还在很大程度上受到民族风俗、宗教意识、风水、生活习惯等的影响。中国的住房与欧洲的住房在建筑风格上迥异，在使用面积和房间布置上也相差甚远。宗教信仰不同的地区，住房也常出现很大的区别。

案例 6-3　成都地铁满月，沿线房价上涨

在成都地铁 1 号线正式通车运营满月之际，经对 1 号线沿线的楼盘进行现场了解后发

现,地铁投运对市中心楼盘影响较小,而南北两端的楼盘受益较大,绝大多数楼盘价格都有不同程度的上涨。

地铁1号线通车后,饱受困扰的城北交通瓶颈得到极大改善,最直观地反映在房价上。一直以来,大丰镇的房价都相对偏低,地铁投运使大丰镇的区域房价快速增长。该区域内的汇融悉尼湾达令港,2010年9月30日均价为4 600元/平方米,到10月20日均价已上扬至5 500元/平方米,不足一月涨幅接近20%;时代锦翠的均价从9月29日的4 750元/平方米涨至10月20日的5 100元/平方米;而凤凰山1号10月1日开盘均价就达4 700元/平方米,该楼盘一批次已经销售完毕,二批次在11月中旬推出。

位于天府大道的城南楼盘房价虽然涨幅不如城北,但大多数楼盘也是顺势提价:心怡•紫晶城2期从9月份的均价5 300元/平方米涨至目前的5 800元/平方米,涨幅近10%;慕和南道天堂岛均价从5 600元/平方米提升至5 900元/平方米;远大•朗朗风景的均价从6 800元/平方米提到了7 000元/平方米。南湖国际社区、育才竹岛等天府大道上的楼盘售价均有不同程度的上涨。

和涨价的这些楼盘相比,南延线也有价格稳定的楼盘。领峰、光明城市因为是尾盘,房价均保持在地铁开通前的6 000元/平方米。而新鸿基•悦城、河畔新世界等少量楼盘价格也保持稳定。

知识拓展6-2 房地产、不动产、物业的区别

1. 房地产

房地产是房产与地产的统称,广义的房地产是指土地和固着于土地之上的建筑物、构筑物、附属设施,以及包括水、矿藏、森林等在内的自然资源,还包括与土地有关的权益及由此所衍生的权利。

2. 不动产

不动产一般是指土地及其固着物,这个固着物包括固着于土地之上的自然物体(如树木、矿产)和固着于土地之上的人造物体(如建筑物、构筑物、道路、桥梁等)。房屋是建筑物的一种,由于房屋及其所占用的土地是不动产的主体和基本组成部分,因此,房地产又称为不动产,但又不同于不动产,广义的不动产不仅包括房地产,也常常包括不能移动或移动后会损失经济价值的财产。

3. 物业

"物业"一词来源于英语"Real Estate"或"Real Property",最早出现在我国香港地区,其基本含义是指单元性的房地产。在国际上,"物业"作为通用的习惯词汇,与房地产、不动产表达同一概念。在我国,物业与房地产并不等同,如常说"物业小区"而非"房地产小区",说"房地产市场"而非"物业市场"。"物业"是指已进入消费领域的房地产产品,从房地产全生命管理的角度而言,是指进入"售后服务"的房地产。结合我国的具体情况,通常情况下将物业定义为:已建成并投入使用的各类具有使用功能的建筑物及其配套设施、附属设备设施及相关的场地。

6.1.3 房地产需求的特征

从微观经济的角度看,房地产需求是指房地产消费者(包括生产经营性消费者和个人消费者),在特定的时期内、一定的价格水平上,愿意购买而且能够购买的房地产商品量。从宏观经济的角度看,房地产需求是指社会对房地产市场的总需求。而在某一时期内全社会或某一地区内房地产需求总量,包括实物总量和价值总量。

由于房地产商品是与土地密切联系的特殊商品,因此,与一般商品的需求相比较,房地产需求具有显著的特征,主要是:

1．房地产需求的整体性

这是由地产和房产需求的不可分割性所决定的。由于房地产是地产和房产的结合体和统一物,土地是房屋的物质载体,而房屋是地基的上层建筑,二者不可分割,因而房地产需求既包含了对房产的需求,也包含了对地产的需求,是对房地产统一体的需求,不可以也不可能把二者分割开来。这就决定了房地产商品空间的固定性、效用的长期性和价值量的巨额性,由此引发房地产需求的特殊性和对房地产市场需求分析的复杂性。

2．房地产需求的区域性

由于房地产空间的固定性,具有不动产的特性,其位置不可移动,这就决定了房地产需求的区域性强。这主要表现在两方面:一是一定区域或一个城市房地产市场需求主要来自本地区或本区域内的工商企业和居民的需求,不像彩电、冰箱等一般商品可以运输到凡是有需求的全国各地甚至海外销售;二是在同一城市的不同地段房地产市场需求也可以有很大差异,如城市中心区、次中心区和城市郊区的房地产需求不同。

房地产需求这种明显的区域性,要求房地产企业在投资决策时,要认真分析本区域的房地产市场需求,使供给与地区需求相适应;同时,地方政府在处理供求关系时,必须考虑本地区市场需求,尽可能实现本地区房地产供给和需求的总量平衡。

3．房地产需求的多样性和层次性

由于不同消费者的收入水平、文化程度、职业、年龄和生活习惯等不同,自然会对房地产产品形成各式各样的需求,而房地产区位、档次、房型、功能等存在一定的差异,当需求的多样性和房地产产品本身的差异性相对应时,需求的多样性也就导致了它的层次性。例如,高档别墅属于较高层次的需求,经济适用房属于较低层次的需求。

4．房地产市场需求的双重性和综合性

房地产的保值性和增值性,使得房地产除了是一种生活消费品之外,还具有投资的功能,因而房地产需求具有消费需求和投资需求的双重功能。另外,人们在购买房地产时,需要考虑多方面的需求,例如居住区位是否合适、环境是否优美、交通是否方便、治安是否良好等,这便是房地产需求的综合性。

5．房地产市场需求的可替代性与关联性

房地产市场需求具有可替代性,如处于同一供需圈内的房地产是可以替代的。租房和买房是可以替代的,当房价过高时,消费者会选择租房,房租因此提高;而当房租过高时,消费者会买房,房价会上涨。同时,房地产需求具有很强的关联性,它的需求变化会直接影响

到其他行业的需求变化，因而成为敏感又受国人关注的产业。

 知识拓展 6-3 房地产市场分类

房地产市场分类见表 6-1。

表 6-1 房地产市场分类

划分依据	市场名称
房产用途	住宅、写字楼、工业厂房、商业、服务业、其他专用房地产等
市场体系层次	一级市场、二级市场、三级市场
参与主体	土地市场、物业开发市场、建筑施工市场、房地产交易市场等
供房时物业形态	现房市场、期房市场
权益让渡方式	买卖市场、租赁市场、抵押市场、典当市场等
区域范围	全国市场、区域市场、大城市市场、中小城市市场等
市场发育程度	初级市场、中级市场、高级市场

其中，一级市场是指政府（国家）垄断经营的土地使用权让渡市场，二级市场是消费者与经营者之间进行房地产商品经营交易的市场，三级市场是指消费者进行房地产交易的市场。

6.2 房地产营销策划知识

6.2.1 房地产营销的概念

房地产营销是指房地产开发商以了解、满足和创造消费者需求为中心，以实现企业目标为目的，开发房地产产品、服务和信息，对从房地产开发经营者流向房地产购买者的社会活动的有效管理过程。

房地产营销与一般意义上的市场营销既有联系又有区别。

（1）房地产营销的理论与实践来源于一般意义上的市场营销。例如，房地产营销的核心同样是满足消费者的现实需求和潜在需求。

（2）从营销过程来看，房地产营销也是由市场调研到产品开发，到出售商品房换回房地产开发企业建设价值的一种管理过程。由于房地产商品的不可移动性和价值大的特点，它的核心营销观念就与其他商品有所不同，房地产营销最注重目标市场的定位、目标客户寻找和产品设计，至于其他方面都在这三个方面中体现出来。

 案例 6-4 海航地产营销荣获第十一届中国杰出营销奖

2013 年 2 月 1 日，由海南西格玛品牌推广有限公司承办的"感恩 20，筑梦 13（一生）海航地产客户答谢晚会暨国兴城 2013 新品启幕仪式"圆满落幕，效果俱佳，人气爆棚，为项目形象加分许多。海航国兴城自2011年开盘以来，作为大英山国际旅游CBD的高端人居大盘，一直以其精工品质及区域发展潜力的优势，备受市场客户的青睐。至今已经有近千户家庭选择国兴城。同时可喜的是海航国兴城一期已于2012年7月如期交付，为感谢数百位客户的置业选择，海航国兴城于2013年2月1日晚在新海航大厦举办此大型晚会。

海航国兴城为本次答谢晚会特设超过300万元的大礼，包括时尚数码、高端电器、定制金牌、物业管理费、购房抵用券，同时送给每位来宾珍贵的海航飞机模型。活动特邀业界著名建筑师及设计师亲临现场，畅谈高端人居新定义，更有刘谦同门师弟和海南电视台当家主持倾力加盟，为现场嘉宾送上青春洋溢的祝福。活动环节穿插对业主的访问，通过以小见大的方式体现海航地产的人文关怀。

而海南海航地产营销管理有限公司（简称海航地产营销）凭借"感恩20年·筑梦13（一生）"的成功营销案例，荣获2012~2013年度"中国杰出营销奖"称号。

海航地产营销此次获奖，充分体现了其不断上升的营销实力和社会各界对海航地产品牌营销力量的肯定。海航地产营销将以此次获奖为契机，积极探索营销新模式，大胆创新营销举措，全力提升海航地产品牌营销力，以使之赢得更多客户的认同和青睐。

知识拓展 6-4　房地产经营与交易

房地产业是指从事房地产开发、经营、管理和服务的行业。它包括土地开发，房屋建设、维修、管理，土地使用权的有偿划拨、转让，房屋所有权的买卖、租赁，房地产抵押贷款和房地产市场。

房地产经营有广义与狭义之分。广义的房地产经营是指房地产企业根据经营目标，在分析自身条件和市场需求的前提下，对房地产开发经营的全过程做出科学的决策，并组织有效的实施。狭义的房地产经营主要是指建筑地块和房屋的流通过程和售后管理，其实质是营销策略的研究和实施。

房地产交易是指房地产转让、房地产抵押和房屋租赁等市场行为。房地产转让是指合法拥有土地使用权及土地上建筑物、附着物所有权的自然人、法人和其他组织，通过买卖、交换、赠与将房地产转移给他人的法律行为。房地产抵押是指债务人或第三人（抵押人）以其合法拥有的房地产作为担保物向债权人（抵押权人）提供债务履行担保的行为。房地产按揭属于房地产抵押的一种形式。房屋租赁是指房屋所有权人作为出租人将其房屋出租给承租人使用，由承租人向出租人支付租金的行为。

6.2.2　房地产营销的特征

1. 房地产市场营销是市场营销分支

房地产市场营销与一般市场营销一样，是个人和集体通过创造，与其他的个人或集体交换产品和价值，获取所需物品的过程。房地产市场营销的实质是以消费者对各类房地产商品的需求为出发点，房地产企业通过有效地提供住宅、写字楼、商业用房以及厂房、仓库等房地产商品和与此相关的服务来满足消费者的生产或生活、物质或精神的各种需求，从而获取利润。因此，市场营销的一般原理及其策略能在房地产领域得到很好的应用。同时，房地产市场营销又区别于一般市场营销，这是缘于房地产商品具有其独特经济特征及运行规律。

2. 营销产品的地域差异性

房地产的位置固定性，使得房地产基本上属于地产地销，尤其在一些中小城市，这一特性尤为突出。不同地区消费者的收入水平、审美情趣、消费习惯、人文地理、地方政策等都是不同的，这就要求开发商在进行项目开发前必须进行市场调研，不能盲目开发，将A城市的运作经验搬到B城市来极有可能造成项目的失败。因此，在房地产市场上没有完全相同的产品，所以在房地产营销中各个楼盘之间的营销方法和策略都应有所不同。

3. 房地产营销活动的社会复杂性

相比于其他普通产品的市场营销，房地产营销所处的社会关系更加复杂。主要是因为房地产营销包含了市场调研、地段选择、土地征用、产品设计和开发、楼盘定价、渠道选择、促销等一系列的过程，加之房地产的地域性，更加深了这一过程的复杂性。在这一过程中，还会牵扯营销策划公司、项目代理、设计单位、施工公司、监理公司、物业管理公司等相关中介公司，还不可避免地与当地土地、规划、园林、房管等政府部门打交道，与媒体、银行的合作也是至关重要的。任何一个环节的处理，都将影响企业营销活动的开展。

4. 营销决策的时机重要性

在通常情况下，开发商从拍到土地到预售房屋、建筑物，档期为1~2年甚至更长的时间，这个时期存在很多变数。国家方针政策的变化、经济形势的变化、股市的变化等都会影响房地产营销活动。因此，对于开发商来说，营销时机的把握很重要，如什么时候推出楼盘、每次推出多少楼盘量以及推出的节奏等都是开发商应考虑的问题。

5. 营销技术的专业性

在房地产领域做营销工作，需要营销者通晓每个技术环节的基本原理，以方便与不同技术部门以及客户进行有效的沟通和协调，这就使得该行业的市场营销活动具有很强的技术性和专业性，如掌握产权问题、市场研究、规划设计、建筑施工、营销推广等专业知识。

知识拓展6-5 房地产交易涉及的税费

营业税是指对销售房地产的单位和个人，就其营业额按率计征的一种税。

房产税是指以房屋为征税对象，按照房屋的原值或房产租金向产权所有人征收的一种税。

契税是指由于土地使用权出让、转让、房屋买卖、交换或赠与等发生房地产权属转移时向产权承受人征收的一种税。

营业税附加是指对缴纳营业税的单位和个人，就其实缴的营业税为计税依据而征收的城市维护建设税和教育费附加。

印花税是指对在经济活动中或经济交往中书立的或领受的房地产凭证征收的一种税。

个人所得税是指个人将其拥有合法产权的房屋转让、出租或进行其他活动并取得收入，就其所得计算征收的一种税。

房地产交易手续费是指由政府依法设立的，由房地产主管部门管理的房地产交易机构为房屋权利人办理交易过户等手续所收取的费用。

房屋权属登记费是指房地产管理部门在办理产权登记时按照国家政策收取的费用。

其他税费是指不属于以上类别的其他税费，如土地收益金、土地出让金等。

6.2.3 房地产营销策划的要求

目前，对于房地产的营销策划存在着不同的认识。一种是狭义的理解，认为房地产营销策划就是促销策划，即卖房子，这种观点在我国早期房地产市场很流行。另一种是广义的理解，认为房地产策划是房地产项目的全程策划，是从开发商获得土地使用权开始到物业管理全过程的营销策划。这个全过程包括：市场调查与预测、市场细分与定位、采购土地、项目规划设计、建筑施工以及价格策略、广告策略、促销策略、物业服务等。随着我国房地产市场的不断发展和完善，这个广义的理解逐渐获得业界和学术界的认可，并在房地产项目开发的实践中得以广泛应用。

完整地说，房地产营销策划就是根据房地产项目的经营目标，以客观的市场调查、分析、预测为基础，以独特的市场定位和产品定位为核心，综合运用各种策划手段，按照一定的程序对房地产项目进行创造性的规划设计，最终形成可操作性的策划方案的过程。

房地产营销策划是一个复杂的系统工程，必须把握以下原则：

1．创新是房地产营销策划的主题

营销策划是一种创新行为。在新的时代，首先要营销理念创新，其次是策略创新、营销组合创新、产品创新和服务创新。如果一个营销策划没有结合具体实际，和其他项目雷同，就谈不上是一个创新的营销策划。由于房地产产品的特殊性，房地产产品的创新性显得更为重要，开发商必须通过挖掘项目的潜在价值，突出亮点与独特性。

产品可以被"克隆"，立足于创新的核心营销策划"技术"却是克隆不了的。惯于追风仿效的中小发展商必将被消费者冷落。只有建立自己独立的核心营销策划"技术"，才能成为房地产市场的领旗手。

2．进行深入的房地产市场调研

房地产市场调研是房地产营销策划的基础。只有进行深入的市场调研，才能对楼盘的购买群体、消费层次、户型、价格等进行合理的策划决策。房地产营销策划属于市场要素整合学，必须时刻关注房地产市场的过去、现在和未来的发展，分析楼盘与市场的对接问题，体现市场的需求，做好营销策划的合理调整。

案例 6-5　　知得商人需，抱得金砖归

台湾商界名人王永庆花 400 万元台币拿下台北近郊一块地。当时有个房地产商东棣氏做了大量的市场调研，发现市场状况是：市中心房价、租金奇贵，老板纷纷缩小办公场地造成写字间拥挤不堪，员工叫苦连天；住宅外迁，员工上下班路程远；市中心交通拥挤、污染严重，办公效率低。市场趋势是在交通便利的前提下办公楼可以建在市郊。王永庆这块地偏远但交通便利，有条件开发成办公楼。东棣氏还做了客户市场调研，确实有许多客户有兴趣。当时评估这块地价值达 8 亿元台币，东棣氏用 800 万元台币买下地块并建造办公楼一炮打响，最终赚了 40 亿元台币。

3. 强调产品的差异性策略

差异性策略是指企业产品、服务、企业形象与竞争对手有明显的区别，以获取竞争优势而采取的战略，如产品差异化、服务差异化和形象差异化等。在房地产营销策划中必须突出市场细分，强调与其他产品不同的细节点，强调与其他产品的差异性，这是房地产营销策划的精髓所在。

4. 有效整合各种资源

要开发一个好的房地产项目，需要调动很多资源，如人力资源、物力资源、社会资源、财力资源等。这些资源在房地产策划前是分散的、凌乱的，甚至没有中心的。这就要求房地产营销策划必须理清关系，分析功能，有效整合各种资源，使项目开发成功。

5. 策划方案要易于操作

房地产策划要符合实际，易于操作。首先是在实际市场中有可操作的条件，市场条件不允许，想操作好是很难的；其次是在具体实施上可运作的方法；最后是策划方案要易于操作，容易实施。脱离市场或超出开发商的负担能力、实施能力的策划方案，只是纸上谈兵。

6. 注重实际、准确定位

"看菜吃饭，量体裁衣"虽是古语，却很实在。房地产市场很大，但任何一家企业都无法独吞，因为企业的人力、物力、财力有限。房地产企业必须准确定位，集中优势资源才能成为目标市场上的"风云人物"。因此，市场定位精确是房地产开发制胜的关键。

案例 6-6 深圳宝安碧海名园——谁来承担这笔费用？

深圳宝安碧海名园项目，定位是中小户型的白领社区，价位适中，档次中等，但设计院做出了一个出人意料的中庭园林景观设计，在大约 1 万平方米的中庭里，布置了"地中海""爱琴海""波罗的海"，连成一个完整的水系，加上喷泉、叠水、五个水幕墙，完全是顶级豪宅的景观设计。

粗略计算一下，每平方米的造价要几百元，而物业管理的运转费用更高得可怕。这样一个中档小区，向业主收取的物业管理费是很有限的，而单单水景的运转费用，一年就需付出 30 多万元！谁来承担这笔费用？这就是设计师背离项目定位的典型例子。

7. 策划与销售紧密结合

策划的目的就是促进项目成交。因此，销售必须被纳入总体策划思路中。策划与销售互为表里，彼此修正，紧密呼应，这才是真正科学的营销思维模式。例如，深圳宝安碧海名园项目最大的卖点是户型设计，所有的户型全都是错层，每户送 20 平方米左右的一间或两间房，广告口号是"经典户型，买一送一"。

案例 6-7 石家庄天山花园项目的"卖相"

石家庄天山花园项目最初的设计方案并未考虑开盘销售的卖相，在小区布局和分期建设方面都只考虑居住和施工的方便。后来策划部提出"先做卖相"的观点，坚持要求项目开盘时必须完成一个漂亮的小区大门、一条主轴景观商业大道、一处中心园林、一个布置精美的会所（兼做售楼中心）、一组精心装修温馨舒适的样板房。开发商按此要求，首先在一期施工中完成这五个工程，项目就具备了良好的卖相。现在许多项目在楼房建好之前，先做好景观，都是为了营销。

8. 应该充分考虑将来物业管理的方便

当今，物业管理已经成为楼盘项目成败的一个重要方面，"买不买房看环境，掏不掏钱看户型，满不满意看管理"。以前设计方案是不考虑物业管理的，而现在策划项目必须提前考虑物业管理的各种问题。

案例 6-8　明珠花园"内外湖"的设计

湖南株洲的明珠花园，最初的规划方案是上海一家设计院提供的，以一个湖为中心，湖周围一圈是独栋别墅，别墅外围是多层住宅，再外围是小高层住宅。设计师的想法很简单：让别墅的业主最接近湖景，可以从客厅、卧室的落地玻璃窗内直接欣赏湖光水色。但是他没有考虑到：这个湖并不是别墅业主独享的，而是小区全体业主共享的，那些住在多层、小高层的业主要去湖边散步游玩时，都要从别墅的花园、门前甚至窗前走过，别墅的业主经常受到这种门前屋后纷纷来去的干扰，个人隐私无法得到有效保护。后来调整了规划方案，把一个湖变为两个湖，内湖是别墅区独享，外湖是小区业主共享。这样，别墅单独成区，物业管理和安全保护工作都以桥为界，相对容易一些。

9. 规划设计既要遵循专业规范与技术要点，还应避免传统建筑景观学说的基本禁忌

一般来讲，容积率、建筑密度、绿化率等技术要点都是有规定的，设计师只能在这些前提下做规划设计。除此之外，设计师必须了解传统建筑景观学说的基本禁忌，如路冲、角冲、门冲等，在楼盘规划和户型设计时尽量注意，努力避免。

业内人士常说："一个项目成败的 70%在于前期策划。"所有关于项目定位、目标消费群定位、价格定位、营销概念定位等重要的营销理念，其实全都体现在规划设计方案中；开发商的投资、策划公司的心血，也都凝聚在规划设计方案中。因此在规划设计方面精益求精，是保证项目成功的必备前提。许多项目在规划设计上费了两三年的工夫，最后一举成功，绝对不是偶然的。

知识拓展 6-6　我国房地产营销策划发展趋势

1．策划观念从产品品牌向企业品牌转变

过去，房地产策划以项目为主，现在开始把整个企业作为营销策划的主体，在单个项目全程策划的基础上追求企业整体风格的统一和企业品牌的塑造。例如万科、珠江等大地产商及上市公司。

2．策划组织从"自由策划人"向专业公司分工协作转变

目前房地产策划有分工不断细分的趋势，专业市场调研公司、投资顾问、规划公司、设计公司以及代理公司、广告公司等一起协同作战。

3．策划方法从侧重项目概念到概念与细节并重转变

过去营销策划刚刚开始出现在房地产行业时，消费者容易被概念所吸引，几年后，随

着二次购房甚至多次购房消费者的增加，消费者变得更加成熟、理性，他们更加注重房子的"细节"，例如房屋的质量、户型、社区的舒适性等。与之相应，房地产的营销策划也逐步开始注重细节，进入概念与细节并重的阶段。

岗位技能训练

实训1 搜索技能训练——房地产整合营销方案搜索

【实训目的】

（1）能搜索到一份完整的房地产整合营销方案。

（2）能清晰表达出该房地产整合营销方案的内容。

（3）能总结归纳出该房地产整合营销方案的特点。

（4）能简要说出选择该房地产整合营销方案的理由。

【实训指导】

（1）布置任务：将学生按每组 6~8 人的标准划分成若干个任务小组，每个小组成员搜寻一份房地产整合营销方案。

（2）搜索选择：各小组成员总结归纳自己所搜寻到房地产整合营销方案的特点，列明选择该房地产整合营销方案的理由，之后形成房地产整合营销方案实训报告。

（3）课堂陈述：各任务小组成员上交房地产整合营销方案实训报告，由指导老师从每组中选择一份具有代表性的房地产整合营销方案实训报告，并邀请其代表小组上台陈述。

（4）评价效果：各小组代表陈述后，指导老师点评该次房地产整合营销方案实训的情况，并由全班同学无记名投票，评选出该次实训的获奖小组，给予表扬与奖励。

【实训模板】

鸿名华府整合营销方案

第一部分　市场状况分析

一、项目环境分析

面对政府的限购政策、开发商之间趋于白热化的竞争、客户的理性观望等，鸿名华府需要确定一个新的定位、新的策划方案。

二、区域市场分析

随着房地产市场的蓬勃发展，以及人们生活水平的提高，房地产市场开始逐步进行细分，不同收入和生活品位的人对住房有不同的需求。石家庄紧邻北京，旅游资源丰富，"红色"旅游尤为突出，文化的积淀足以吸引广大的客户群。天时、地利、人和使鸿名华府站在国际化的视角，打造民族风情。

第二部分　项目分析

一、项目基本概况

位于长安区翟营大街与跃进路交叉口西南角，占地面积约 646 277 平方米，建筑面积约 507 727 平方米，总户数为 3 555 户，2011 年 7 月 1 号开工，目前售楼部在建。

项目配套有全景贵族幼儿园、鸿名华府专属私人会所、社区多景观雕塑、格调与艺术的图腾。毛坯交房、市政供水,有4158个车位。

二、项目SWOT分析

根据市场调研,结合区域的实际情况来分析本案的优势、劣势、机会及威胁(见表6-2)。

表6-2 SWOT分析

项目	内容
优势	市政府商圈,南邻长安装饰材料市场,还有两个便民市场,周边医疗、教育配套完善
劣势	限购令等宏观调控政策对住宅市场打压,附近交通拥挤
机会	社区适合居住,有人气、有文化
威胁	石家庄房地产市场正处于开发高峰期,竞争激烈

三、项目客户群分析

(一)单身贵族人群

特点:单身人士多为参加工作不久的青年人。单身购房者一般来说主要注重以下三方面:

(1)住宅的地理位置。单身人士恰好处于立业之初,每天忙忙碌碌,早出晚归,因而成熟的地段对他们而言十分重要。

(2)户型面积。对于单身人士而言,最重要的不是宽敞的客厅或像样的厨房,而是小巧的卧室兼工作室。

(3)社区及周边应配备完善的生活服务设施,如运动设施、商业设施等满足因工作忙碌而无暇顾及个人生活的单身人士。

(二)新婚夫妇人群

特点:新婚夫妇工作时间有限,积蓄不多,对房屋总价较为关注。最注意的就是以下四点:

(1)住宅的功能性。因新婚夫妇会考虑两居室的住宅,户型设计应符合生活特色。

(2)住宅面积及价格控制。新婚夫妇工作时间有限,积蓄不多,对房屋总价较为关注。

(3)社区及周边配套项目。周边最好配备完善的生活服务设施,包括运动、商业、医疗、幼教等配套设施。

(4)注重项目品质。

(三)老年购房者人群

特点:老年购房者一般对单套住宅的总价不太关注,住宅所处的位置、社区环境、医院以及物业服务情况是老年消费者最看重的。

(四)心灵富豪人群

特点:购买能力极强,对生活品位有极高追求。

总的来说,大家对那种时代气息浓重、每天都活在风口浪尖上的生活已经厌倦了,正努力寻找一个属于自己的"桃花源"。

第三部分 项目定位

一、项目产品定位

国际社区,中式庭院,回归传统。

二、营销目标定位

一房一个优惠政策+一个适中总价。

三、价格定位

通过市场比较法初步确定本案的销售价格。在选择可比对象时,重点考虑盛世长安(最新报价7 500元/平方米）与和平时光（最新报价7 900元/平方米）。而周边二手房的售价也都在7 500元/平方米以上。本案具体入市价格暂定为5 000元/平方米。

四、产品推广定位：短平快，快速推进

（1）在前期鸿名华府的品牌造势后进行定向开发，大力开发团购客户，为团购客户制定产品。

（2）紧随着区域商气、人气的兴旺，迅速推出剩余住宅。

第四部分　整体营销策略

一、基本营销思路

策略A：先建立项目形象，再附以各种活动造势，如销售期卖点传播、口碑传播，尾盘强力促销，快速清盘。

策略B：组织形象代言人大赛，制造舆论、制造关注焦点。

策略C：借助政府之势，推广本项目。

二、整合营销策略

第一阶段：积累客户，进行内部认购（项目导入期）。

时间：2011年10月～2012年1月，销售25%。

思路：低开高走，以低价入市吸引大量客户群体，逐步走高，留有升值空间。

推广工具：

VI[①]设计：现场销售中心导示牌、门头、背景墙、室内吊旗、展板、工地围挡等。

宣传折页：一方面从建筑结构、户型构造、景观布局设景、品牌配置等硬件方面入手，语言理性，画面严谨，树立产品高品质标准；另一方面从感性生活入手，体现时尚感、现代感。

公关活动：

（1）与区政府合办"鸿名生活艺术展之老照片·新摄影"征集活动，在销售中心展出。活动形式包括：①所有参赛的作品送到售楼中心；②主流媒体配合征文，在报纸、网络、广播、户外等传媒同步宣传。

（2）举办项目说明会暨客户联谊活动。

本阶段一般以企业新闻策划为主要宣传方式。同时，突出销售中心及现场包装，传播项目信息，全面树立项目形象，培育良好的现场销售气氛；根据市场反馈的情况，调整项目价格。

第二阶段：全面销售阶段（公开期、强销期）。

时间：2012年2月～2012年11月，累计销售率达到50%。

推广工具：

通过媒体楼书、网站介绍项目动态、进行活动报道，传播企业文化，加强客户交流。

综合运用大众媒体（报纸、广播、网站、DM[②]）进一步提升产品形象。各项销售工具全部到位。此时的广告投放以硬性广告为主，针对主要卖点做纯销售式广告。推出优惠月活动、幸福宜居社区活动、关于"我身边的变化"征文等活动，深度挖掘市场。

第三阶段：消化尾房，导入商业阶段（持续期、收尾期）（具体策划略）。

三、销售方式

（1）定向开发，组团销售，坐销、营销结合，地毯式扫荡市场。

[①] Visual Identity 的简称，即视觉识别。

[②] Direct Mail 的简称，即快讯商品广告。

（2）以"地毯清洗策略"搜索潜在客户，组织销售队伍上街销售，掀起销售热潮。

（3）一房一个优惠政策+一个适中总价：给每套房子编上号，总价销售，一套房子一个政策，一套房子一个总价，明码标价。让客户看得放心，买得安心。

四、促销方式

（1）团购优惠：3人以上优惠3%，5人以上优惠5%。

（2）付款方式不同折扣不同，一次性付款9.5折，按揭9.8折。

（3）变相折扣，如送装修等优惠。

五、包装方案

1. 地盘

（1）运用热气球、条幅等在建筑主体外围进行宣传。

（2）围墙外墙用大面积海报、背景墙展示楼盘名、楼盘标识、电话等。

（3）主入口两边布置花盆、宣传旗帜起指引路线和烘托气氛的作用。

2. 售楼处

（1）售楼处的建筑外观风格与楼盘的类型、档次、颜色等配合，格调一致。

（2）室内设置接待台、展板、户型设计模型、吊旗等。

3. 样板房

聘请不同建筑风格的设计师对二居和三居（三套）进行不同风格的设计，在样板间的设计中应提高居室功能性，设计风格为中式宅院风格。

六、销售道具准备

（1）楼书准备：包括项目及开发商介绍、地段描述、户型设计、物业管理等内容。

（2）宣传折页：外页是楼盘的全景形象图，内页配以户型或楼盘介绍。

（3）DM单以中式请柬的形式进行设计。

（4）采用激光投射式沙盘模型。

（5）准备客户礼品、手提袋等。

实训2　策划技能训练——房地产整合营销方案创作

【实训背景】

为了切实扩大雅居乐的知名度和良好形象，有效地提高雅居乐楼盘的销售量和扩大楼盘的固定消费群体，雅居乐地产控股有限公司于2010~2015年在广州萝岗区分别推出雅居乐·乐居馨域、雅居乐·康品一居、雅居乐·罗斯芳殿、雅居乐·绿芽郎君四期楼盘销售。

试根据以上背景资料，为雅居乐地产控股有限公司制定一份内容翔实、创意鲜明的整合营销方案，整合营销方案应包括市场分析、产品分析、目标客户群分析及整体营销方案和媒体宣传。

【实训要求】

（1）能认识并实现组织分工与团队合作。

（2）能撰写出符合格式要求的雅居乐整合营销方案。

（3）能整理总结出雅居乐整合营销方案策划课题分析报告。

（4）能清晰地口头表达出雅居乐整合营销方案策划实训心得。

营销策划实训

【实训指导】

（1）组建实训课题小组：将学生按每组 6~8 人的标准划分成若干课题小组，每个小组指定或推选出一名小组长。

（2）确定实训小组课题：每个小组根据雅居乐整合营销方案策划背景资料的要求，完成一份整合营销方案的策划。

（3）实施策划课题研究：各小组长根据雅居乐整合营销方案策划的计划，调配资源，明确各组员的任务，并督促大家有效完成任务，包括雅居乐整合营销方案的草拟、修改和定稿，雅居乐整合营销方案策划课题分析报告的撰写、打印，以及小组发言等。

（4）撰写实训课题报告：每个小组完成一份雅居乐整合营销方案策划的课题分析报告。

（5）陈述策划实训心得：由各小组推荐的发言人或小组长代表本小组陈述实训课题分析报告和实训心得。

知识训练

一、判断题

1. 房地产又称不动产，是房产和地产的总称，两者具有整体性和不可分割性。（　　）
2. "生地"是指具备开发建设条件，立即可以开发建设的土地。（　　）
3. 房地产的社会经济地理位置是固定不变的。（　　）
4. 房地产的开发经营与使用都会受到政府法令和政策的限制和影响。（　　）
5. 人们在购买房地产时，需要考虑多方面的需求，例如居住区位是否合适、环境是否优美、交通是否方便、治安是否良好等，这便是房地产需求的综合性。（　　）
6. 房地产营销最注重市场调查、目标客户寻找和促销策略，至于其他方面都在这三个方面中体现出来。（　　）

二、选择题

1. 居住物业一般指的是（　　）。
   A. 酒店　　　　　　B. 写字楼　　　　C. 商场　　　　D. 普通住宅
2. 为了满足写字楼的租客对工作中的短时休息场所的需要，可以增加一个酒水吧，这是房地产特征的（　　）。
   A. 产品差异性　　　　　　　　　B. 附加收益性
   C. 位置固定性　　　　　　　　　D. 长期使用性
3. 房地产营销策划的主题是（　　）。
   A. 易于操作　　　　　　　　　　B. 注重市场调查
   C. 创新　　　　　　　　　　　　D. 强调产品差异性
4. 健全的房地产市场营销，首先应仔细分析了解（　　）。
   A. 消费者　　　　B. 生产者　　　　C. 竞争者　　　　D. 政府
5. 房地产营销策划的精髓是指（　　）。
   A. 注重销售　　　　　　　　　　B. 整合资源
   C. 充分考虑物业　　　　　　　　D. 强调产品的差异性

三、案例题

1. **某住宅项目的营销方案案例分析**

某商品住宅开发项目的楼面地价为 500 元/平方米，建筑安装工程费为 2 500 元/平方米，各项规费为 300 元/平方米。该项目营销方案部分内容如下：①前言。②市场分析。③销售目标和进度计划。④销售价格确定：以市场价格为主。⑤销售渠道：委托甲、乙、丙三家房地产经纪机构销售，并分别与其签订委托合同；销售权在三家房地产经纪机构之间不做区分。⑥促销安排：开盘前在当地晚报刊登项目开盘信息；开盘当天举行开盘仪式，邀请有关部门及参建单位负责人参加；对开盘当天前十名购房者给予 100 元/平方米的价格优惠。

分析：

（1）在该项目市场分析中，应注重哪些方面？

（2）该项目营销方案采用的促销方式有哪些？

2. **北京红石实业公司市场细分案例分析**

北京红石实业公司通过市场细分，选择了其中的两个目标市场，该公司集中有限的资源先后为北京的居家办公的目标市场开发了 SOHO 城[一]，为金领人士组成的目标市场在海南开发了高档海景别墅。

分析：

（1）该公司选择了怎样的目标市场？

（2）这种类型的目标市场有什么特点？

[一] SOHO 是 Small Office Home Office 的简称，即家居办公。而 SOHO 城就是针对这些自由职业者开发的。

第7章 信息产品营销策划

目的要求

1. 能叙述和列举信息产品的含义和特征。
2. 能叙述和列举信息产业的含义和类型。
3. 能叙述和列举信息产品市场的概念和特征。
4. 能熟记和列举信息产品营销策划的导向和特点。
5. 能叙述和应用信息产品保龄球营销策划模式。
6. 能综合运用本章知识剖析现实案例。
7. 能依据案例背景撰写信息产品市场调查方案。
8. 能撰写信息产品市场调查方案技能训练报告。

重点难点

1. 信息产品的特征。
2. 信息产品营销策划的特点。
3. 信息产品保龄球营销策划模式。
4. 信息产品市场调查方案的撰写。

案例导读

IBM 就是服务

尽管 IBM 公司的产品具备了技术先进、品种齐全、更新及时和声誉卓越等优势，但 IBM 公司还有句口号"IBM 就是服务"。

IBM 公司曾做过调查，发现用户购买计算机不仅是购买进行计算的工具、设备，而主要是购买解决问题的服务，用户需要软件程序说明、快速简便的维修方法等，因此该公司率先向用户提供一整套计算机体系，包括硬件、软件、安装、调试和传授使用与维修技术等一系列附加服务。用户一次购买就能满足计算方面的全部需求。同时，IBM 公司在售前坚持做到深入了解用户的问题和需要，由专家为用户提供咨询；在售中，绝不以各种方式向用户提供过分昂贵和不适合用户用途的产品，即使用户提出要购买某些产品，若 IBM 公司经调查确认这些产品不适合用户的需要，也会冒着丧失生意的危险向用户提出建议，劝其购买更适合的产品。

IBM 公司靠这种体系和对用户负责的服务精神在竞争中取得了巨大成功。

7.1 信息产品基础知识

7.1.1 信息产品的含义及分类

产品是指能够提供给市场以满足顾客需要和欲望的任何东西。信息产品是一种信息和技术密集型的产品，是利用信息技术和信息处理的创新手段，生产制造和提供的能满足人们某种需要和欲望的东西。

信息产品的类型很多，依据不同的分类标准，可划分为不同类别的产品。

1. 依据产品形式，信息产品可分为硬件产品、软件产品和服务产品

硬件产品主要是指由电子器件、磁介质和机械装置组成的信息技术产品。它一般包括卫星通信设备、个人微机、光纤通信设备、电话网络、无线电通信设备、移动电话等信息技术硬件产品。

软件产品主要是指为方便人们使用硬件产品和有效发挥信息技术的作用而设计的各种程序。它一般包括特色数据库、计算机软件、视频、音频等信息技术软件产品。

服务产品主要是指为了方便人们检索资料、获取知识和娱乐等而提供的各种服务性信息技术产品。它一般包括在线咨询、搜索引擎、电子邮箱等信息技术产品。

2. 依据产品技术内容，信息产品可分为多媒体技术产品、数据存储与处理技术产品、数据传输技术产品以及其他技术产品

多媒体技术产品是一种能直接作用于文字、图形图像、动画、声音、视频等多种媒体信息的产品。它一般包括多媒体计算机、个人计算机、液晶等高清晰显示技术产品等。

数据存储与处理技术产品是一种能实现信息的存储、编码、压缩、加密等技术功能的信息技术产品。它一般包括超巨型和超微型计算机、语言识别和神经网络职能计算机、分子电子学技术产品等。

数据传输技术产品是一种能实现信息快速、可靠、安全传输功能的信息技术产品。它一般包括光纤和卫星等通信产品、数字声像技术产品、调制解调器、传感器、交互式网络技术产品等。

7.1.2 信息产业的含义及类型

信息产业一般是指以信息为资源、以信息技术为基础，进行信息资源的研究、开发和应用，以及对信息进行收集、生产、处理、传递、存储和经营活动，为经济发展及社会进步提供有效服务的综合性的生产和经营活动的行业。

随着信息化在全球的快速进展，世界对信息的需求快速增长，信息产品和信息服务对于各个国家、地区、企业、单位、家庭、个人都不可缺少。信息技术已成为支撑当今经济活动和社会生活的基石。在这种情况下，信息产业成为世界各国，特别是发达国家竞相投资、重点发展的战略性产业部门。在过去的10年中，全世界信息设备制造业和服务业的增长率是相应的国民生产总值（GNP）增长率的两倍，成为带动经济增长的关键产业。

我国对信息产业的分类没有统一模式，一般可认为包括七个方面：①微电子产品的生产与销售；②电子计算机、终端设备及其配套的各种软件、硬件的开发、研究和销售；③各种信息材料产业；④信息服务业，包括信息数据、检索、查询、商务咨询；⑤通信业，包括计算机、卫星通信、电报、电话、邮政等；⑥与各种制造业有关的信息技术；⑦大众传播媒介的娱乐节目及图书情报等。

知识拓展 7-1 《北美产业分类体系》定义的信息产业

北美自由贸易区（美国、加拿大、墨西哥三国）于1997年联合制定了《北美产业分类体系》（简称 NAICS），该产业分类体系首次将信息产业作为一个独立的产业部门规定下来。根据 NAICS 的最新定义，信息产业特指将信息转变为商品的行业，它不但包括软件、数据库、各种无线通信服务和在线信息服务，还包括了传统的报纸、书刊、电影和音像产品的出版，而计算机和通信设备等的生产将不再包括在内，被划为制造业下的一个分支。

重新定义的信息产业包括有三种类型：①生产和分发信息及文化产品的行业；②提供传递或分发这些产品以及数据或通信方法的行业；③处理数据的行业。具体来说，信息产业包括有四个行业：出版业、电影和录音业、广播电视和通信行业、信息服务和数据处理服务行业。

7.1.3 信息产品的特征

1．高技术性

高技术性是指信息产品的技术含量较高。信息产品具有较高的科技含量，大多属于创新型产品，其单位产品生产成本中研究与开发成本占有较大的比重。信息产品不仅其生产制造是高新技术的凝结，而且其操作使用本身也带有较强的专业性和技术性，需要经过专门的训练，维修和保养也较一般产品复杂、技术要求高。

2. 高渗透性

渗透是指某种事物或势力逐渐进入其他方面。信息产品的高渗透性，是指信息产品能快速地渗透到传统产业中，传统产业利用信息技术，实现了产业内部的升级改造，促进了传统产业的自动化，极大地提高了传统产业的发展速度和效能。

3. 高附加值

高附加值是指信息产品的附加价值比较高。由于信息产品大量采用新技术、新工艺、新材料和新设备，因而大大降低了产品的生产成本，给企业留下了巨大的利润空间，所凝结的知识价值、服务价值、文化价值等无形价值远远超过其物质实体本身的价值。

4. 高风险性

高风险性是指信息产品研制成功以及市场开拓成功的不确定性较大。信息产品的研制开发和市场拓展需要大量的时间和资金投入，而其研究开发的成功率相对较低，具有较高的技术风险、市场风险、资金风险、管理风险和政策风险。

5. 低认知度

认知是指人们认识外界事物的过程，即对作用于人的感觉器官的外界事物进行信息加工的过程。由于信息产品是具有新、奇、特的创新产品，消费者对其了解的程度较一般产品要低，也可能存在各种疑虑，因而一般难于很快接受，因此信息产品进入市场的壁垒相对较高。大多数信息产品都需要通过与潜在客户的交流，使其对产品有了足够的了解后才会被用户接受。

6. 短周期性

短周期性是指信息产品的生命周期较短。新产品不断推陈出新可谓是信息产品的特色。由于信息技术更新换代速度快，以及技术创新的"聚合效应"和"累积效应"，所以信息产品非常容易变旧，产品生命周期较传统产品大大缩短。

 案例 7-1 IBM 公司产品的更新换代

IBM 公司 1991 年 8 月推出第一台个人电子计算机 IBMPC，很快又推出了 IBMPC/XT、PC/XTZ86、PC/AT 等几代产品。电子计算机从 286、386 到 486、Pentium（奔腾）机的更替，在体积与功能方面都是在很短的时间内完成的。

7.2 信息产品营销策划知识

7.2.1 信息产品市场的特征

信息产品市场是指信息产品的现实购买者与潜在购买者需求的总和。信息产品市场与一般产品市场相比具有如下特征：

1. 市场高竞争性

信息技术的日新月异使得以技术创新为基础的信息产品市场注定是一个高竞争性的市

场。在创新的推动下，信息技术领域不断推陈出新，没有一项技术具有永久的竞争力，因此，信息技术企业必须拥有自己的专利和核心技术，不断创新，提高产品的技术附加值。

2．市场引导性

信息产品，尤其是具有划时代创新意义的信息技术产品，技术含量高，又具有较强的超前性，消费者对其效用、性能和特点不了解，不能很快将产品同当时的生活方式和需求相联系，另外，信息技术产品一般属于选购品，消费者的购买行为表现为典型的理性购买。因此，信息技术企业必须教育消费者认识和了解产品，以创造性营销理念为指导，尽可能刺激和创造产品的初始需求，唤醒和开发消费者的需求，创造市场和引导市场。

3．市场联动性

市场联动性是指在信息产品市场推进的过程中，信息产品的需求依赖于相关配套产品和技术的支持。信息产品的技术含量越高，对相关技术和配套产品的依赖性越强；相关技术支持和配套产品发展越成熟，信息产品市场推广成功的可能性越大。

4．市场微型化

信息化时代，各个消费者都期望信息技术企业能为其特殊需求提供相应的产品和服务。同质化市场的数量将越来越少，其容量也将越来越小；而异质化市场的数量将急剧增加，但规模将变小，市场日趋微型化。

5．市场全球化

在社会发展、技术进步的进程中，尤其是信息技术不断发展的今天，偌大的地球将跨越时空的障碍，成为信息共享的"地球村"，各国消费者与企业的沟通变得更加方便、更加容易、更加频繁，对商品和服务的期望与需求将趋同化。趋同化的需求将创造出趋同化的供应机会，各个信息技术企业都将面临全球化的市场。

7.2.2 信息产品营销策划的导向

信息产品营销是指信息技术企业从消费者需求出发，综合运用各种科学的营销策略，把信息产品和服务整体地销售给消费者，尽可能满足他们的需求，并最终实现企业自身的生存和发展目标。信息产品营销策划的导向，是指信息产品营销策划的定向，即在一定时期内，以什么样的因素来左右和引导信息产品营销策略的制定。具有一定导向的信息产品营销策略可以引导消费者去认识商品、购买商品和使用商品。

1．利益导向

所谓利益导向，是指在信息产品营销策划中贯穿一种利益关系，使消费者充分感受到如果购买、使用某种产品或服务，可以从中获得某种实惠，获得某种物质和精神上的满足。

例如，计算机的营销策划一般的做法是一而再、再而三地宣传计算机的内在品质、计算机的使用给用户带来的利益等，但进一步了解才会发现，要使消费者成为企业产品的用户，还必须教会他如何去驾驭计算机，如何得心应手地去操作它。此时，营销策划的利益导向就发生了变化，其做法就应有所改变。

2．品牌导向

消费者对信息产品的品牌偏好，是消费者对信息产品品质的期望并寻求一种心理上的满足。品牌导向可以起两个作用：一是可以使消费者在众多的竞争产品中甄别出企业的产品，使之成为企业的顾客；二是可以使消费者对企业未来的新产品更加关注，率先创造出一批潜在的顾客。

案例 7-2　英特尔芯片的品牌导向

英特尔芯片从无品牌到"奔腾"芯片，从无品牌的工业型号系列，如 8086、80286、80386、80486 发展到"奔腾"品牌系列，就是力求使企业的芯片技术以鲜明的"个性"，从众多开发者竞相仿造的"数字游戏"中脱颖而出，给消费者的选择带来方便。这是品牌导向作用的表现。

3. 创新导向

技术创新不仅是一种技术行为，更是一种市场行为，是以盈利为目的的行为。技术的成长是在不断地解决问题和提高集成度的相互作用下实现的。不断发现问题并通过不断地提高集成度解决问题，实质上既是一个企业寻求市场机会、赢得市场机会的过程，也是一个用户寻求满意的过程。因此，在营销策划中向社会公众，包括中间开发者、中间商和最终用户宣传技术创新的这种社会意义和市场价值，其号召力是非常大的。

案例 7-3　中小型企业的创新导向

在计算机业中，过去一些名不见经传的中小型企业，例如 Sun、Oracle 等公司之所以能如日中天，正是创新导向的结果。它们首先让公众认识到计算机网络时代将成为发展主流这一历史趋势，告诉公众对个人计算机及应用软件的投资将无限"膨胀"，然后 Sun 公司推出了"Java"网络软件，Oracle 公司推出了"NC"网络计算机，极高的性价比令千千万万的消费者折服了。

4. 竞争导向

所谓竞争导向，是指信息技术企业把竞争对手的行为作为自己营销策划的主要参照系，制定出一套动态的针对竞争对手的营销策略。构成竞争行为参照系的要素包括：①竞争对手的 R&D（研究与开发）动态；②竞争对手产品的缺陷；③竞争对手产品的上市速度；④竞争对手的反应模式；⑤竞争对手促销策略的强度等。

7.2.3　信息产品营销策划的特点

1. 信息产品营销是一种知识营销

信息产品的主要特征对企业营销策略的制定将产生重要影响。产品的高技术性要求企业阐明产品的特性是如何满足消费者的需求和愿望的，产品的快速更新性要求企业向消费者说明产品的适用性，产品的创新性要求企业向消费者解释采用的新技术和为消费者提供的新增的价值。因此，信息产品的营销就是一种知识营销。

案例 7-4　　比尔·盖茨的知识营销

比尔·盖茨的先教计算机，再卖计算机的做法就是典型的知识营销。他斥资 2 亿元，成立盖茨图书馆基金会，为全球一些低收入的地区图书馆配备最先进的计算机，又捐赠软件让公众接受计算机知识。

知识营销要求信息技术企业的营销人员专家化，使用训练有素的技术人员代替传统的推销队伍；要求营销人员不仅要具备营销人员的素质和能力，而且要具备丰富的专业知识，通晓产品的性能、用途、使用方法和相对于竞争对手产品的优势，并掌握现代信息手段。

知识拓展 7-2　　知识营销

知识营销是指向大众传播新的信息技术以及它们对人们生活的影响，通过科普宣传，让消费者不仅知其然，而且知其所以然，重新建立新的产品概念，进而使消费者萌发对新产品的需要，达到拓宽市场的目的。

随着知识经济时代的到来，知识将成为发展经济的资本，知识的积累和创新将成为促进经济增长的主要动力源。因此，作为信息技术企业，在进行信息技术开发的同时，还要进行知识的推广，使一项新产品研制成功的市场风险降到最小，而要做到这一点，就必须运用知识营销。

2. 信息产品营销的首要任务是令消费者安心

消费者选购信息产品的决策标准除了价格因素之外，主要就是对企业的信任以及产品的性能和质量。因此，信息产品的营销首要的是给消费者予以指导，以使消费者安心，而不能像传统产品营销那样去鼓励和吸引消费者。

3. 信息产品营销更要讲究营销艺术

信息产品在技术上的复杂性和应用上的专门化，使其与丰富的人类精神生活形成鲜明反差。为抵消这一不良影响，信息产品的广告促销和营业推广都应更具有情感特点，以情动人。例如，联想集团的著名广告"人类失去联想，世界将会怎样"就发人深省，令人倍感亲切。

7.2.4　信息产品营销策划的模式

1. 保龄球营销策划模式的思路

营销策划模式是指企业对其在生产运营过程中涉及的各种资源进行组织整合的方式。信息产品由于产品的科技含量高、更新换代快，以及消费者对信息产品认识不足和缺乏消费经验，造成信息产品市场营销环境充满风险和不确定性。信息技术企业的营销人员无法按照常规预测和把握该市场对新产品的需求特征和相关数据，无法按常规的模式与方法进行市场的开拓。企业只能先开发一个较成熟的细分市场，同时影响另一个细分市场，然后再开发一个市场，如此渐进而行，使企业的产品和市场共同得到发展，这就是信息产品营销策划新模式——"保龄球营销策划模式"。

保龄球营销策划模式的基本思路是：当新产品开发出来后，企业不应希望该产品立即获得大众市场的认可，而是应先考虑产品在哪一个细分市场上能为消费者带来巨大的效用或利益，通过寻找或创造这个目标市场，并在这个市场上提供能使双方都得益的产品（或服务），从而获得企业的第一个立足市场（第一个保龄球）。通过这个市场上用户的口碑传播和示范效应，与这个市场相关的其他潜在消费者就会迅速成为企业的现实消费者。同时，在市场不断扩大的过程中，企业就可以不断建立与之相关的其他立足市场，从而形成连锁反应，最终达到扩大市场的目的。

2. 保龄球营销策划模式的应用

在保龄球营销策划模式中，第一个保龄球代表着产品的第一个立足市场，其他保龄球都是从第一个保龄球派生出来的。该模式强调在立足第一个细分市场以后，要充分利用消费者的口碑传播和示范效应，特别是要在一个立足市场上进行纵深发展，获得较高的市场声誉，只有这样才能获得最忠实的顾客群体，才能有效地开拓其他细分市场。

（1）保证击中第一个保龄球。在企业产品鲜为人知的时候，最有效的途径就是为产品树立一个样板。因此，企业必须集中优势力量，寻找和创造第一个细分市场，并成功地立足该细分市场。

（2）在第一个立足市场占据领先地位。击中第一个目标市场后，接下来的任务就是要为产品获取声誉，只有拥有较高的声誉，才能引起潜在消费者的注意，也才有"撞倒"其他保龄球的可能性。为此，占据第一个立足市场的领先地位成为营销的重点与目标。

（3）其他被"撞倒"的市场要具有联动性。保龄球营销策划模式的一个突出特点就是通过用户的口碑传播和示范效应来扩大市场，要做到这一点，前提条件是各个市场的用户相互之间有联系，能够通过正常的渠道传递所使用产品的信息。

（4）"一个一个撞倒"的渐进原则。保龄球营销策划模式要求企业在进行市场开发的时候，要视市场的成熟程度一个一个渐进式地进行开发。企业只能先开发较成熟的细分市场，同时影响另一个细分市场，然后再开发一个市场，如此渐进而行，使企业的产品和市场共同得到发展。

 案例 7-5　Documentum 公司的保龄球营销策划模式

Documentum 公司是美国的一家以经营文件管理软件为主的公司，这家公司在 1994 年前的年收入才 100 多万美元，然而就是这家公司在 1994 年采用了保龄球模式的营销策略，从而使其经营业绩有了大幅度的增长。该公司通过对软件市场进行分析，选择了一个很窄的细分市场——为制药业的药品专利管理部门提供文件管理系统软件。公司集中实力，利用一切资源来开发适应于制药业的这种软件，最终使其成了顾客非常需要的产品，成功建立了自己的第一个立足市场（第一个保龄球）。在这个细分市场用户的宣传和影响下，该公司陆续开拓了制药业的生产部门、研究开发部门等市场。与此同时，凭借其在制药业的市场声誉，Documentum 公司又陆续进入了其他相关的细分市场，如医疗器械、食品加工等，从而很快扩大了公司的市场。在一年的时间里，Documentum 公司在 40 个重要的目标顾客中得到了其中 30 个顾客，当年公司的收益增长了 300%。

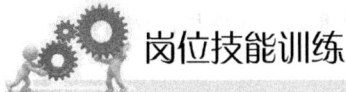 岗位技能训练

实训 1　搜索技能训练——信息产品市场调查方案搜索

【实训目的】

（1）能搜索到一份完整的信息产品市场调查方案。

（2）能清晰表达出该信息产品市场调查方案的内容。

（3）能总结归纳出该信息产品市场调查方案的特点。

（4）能简要说出选择该信息产品市场调查方案的理由。

【实训指导】

（1）布置任务：将学生按每组 6～8 人的标准划分成若干个任务小组，每个小组成员搜寻一份信息产品市场调查方案。

（2）搜索选择：各小组成员总结归纳自己所搜寻到信息产品市场调查方案的特点，列明选择该信息产品市场调查方案的理由，之后形成信息产品市场调查方案实训报告。

（3）课堂陈述：各任务小组成员上交信息产品市场调查方案实训报告，由指导老师从每组中选择一份具有代表性的信息产品市场调查方案实训报告，并邀请其代表小组上台陈述。

（4）评价效果：各小组代表陈述后，指导老师点评该次信息产品市场调查方案实训的情况，并由全班同学无记名投票，评选出该次实训的获奖小组，给予表扬与奖励。

【实训模板】

关于宏碁笔记本式计算机市场状况的调查方案

一、调查目的

通过此次调查，了解宏碁笔记本式计算机的知名度、市场占有率及消费者对其的满意程度和评价，使厂家能够更清楚地了解宏碁笔记本式计算机市场情况，以便提高其产品的质量，提供更好的服务，更好地满足消费者的需求。

二、调查地点和调查时间

（1）调查地点：大连海事大学、科技园、计算机城。

（2）调查时间：5 月 9 日 0:00～5 月 15 日 23:59。

三、调查对象和调查单位

（1）调查对象：在以上三个地点随机选中的全部被调查者。

（2）调查单位：在以上三个地点随机选中的每个被调查者。

四、调查方式和方法

（1）调查方式：抽样调查和重点调查。

（2）调查方法：主要使用访问法，以面谈调查和留置调查为主。

大连海事大学的调查人员在主要的教学楼前。如被调查的学生有时间，则可直接使用面谈调查法；如被调查者没有时间，则使用留置调查法。

科技园的调查人员主要在办公区周围的车站（使用面谈调查法）。

计算机城的调查人员在计算机城门口即可，也可以到附近的休息场所（使用面谈调查法）。

五、调查人员安排

（1）调研督导 1 名，调查人员 10 名，复核员 1~2 名。

（2）调查人员要求：服装得体，态度亲切，有耐心。

六、调查时间安排

（1）5 月 9~13 日（工作日），地点：大连海事大学和科技园。

（2）5 月 14~15 日（周末），地点：计算机城。

（3）调查结果 5 月 18 日统一整理得出。

七、调查经费

调查人员在调查期间的车费、餐费等自行解决。

八、调查问卷填写规定

（1）该问卷必须由被调查者本人亲自填写，不允许代写。

（2）以自愿为原则，禁止强制。

（3）调查问卷填写完毕后，禁止非本人篡改。

（4）保护被调查者的身份及答案的隐私。

宏碁笔记本式计算机市场调查小组
2012-4-20

附件：

关于宏碁笔记本式计算机市场状况的调查问卷

您好！我们是大连海事大学的在校学生，正在进行一项关于宏碁笔记本式计算机消费市场的调查，目的是了解宏碁笔记本式计算机的知名度、市场占有率及消费者对其的满意程度和评价。请您提供宝贵意见，它将对本产品质量的提高起到很大的作用，同时也会为您和您的家人提供更好的服务。希望您能积极参与，您的意见非常重要，我们对您的回答是保密的。调查会耽误您一些宝贵的时间，请您谅解，谢谢您的配合！

1. 您的性别是（　　　）。
   A．男　　　　　　B．女
2. 您的学历是（　　　）。
   A．专科　　　　　B．本科　　　　　C．研究生　　　　D．其他
3. 您是否拥有笔记本式计算机？（　　　）。
   A．是　　　　　　B．否
4. 您是否了解宏碁笔记本式计算机？（　　　）。
   A．非常了解　　　B．比较了解　　　C．了解很少　　　D．根本没听说过
5. 您是通过哪种渠道了解到宏碁笔记本式计算机的？限选 3 项（　　　）。
   A．电视　　　　　B．互联网　　　　C．报纸　　　　　D．广告
   E．期刊　　　　　F．店员推荐　　　G．他人告知　　　H．其他
6. 您对现有的宏碁笔记本式计算机是否满意？（　　　）。
   A．非常满意　　　　　　　　　　　　B．比较满意

C. 一般　　　　　　　　　　　　D. 不满意
　　E. 十分不满意
7. 如果您购买计算机，您会选择哪些品牌？请按先后顺序进行排列（　　）。
　　A. 惠普　　　B. 联想　　　C. 华硕　　　D. 三星
　　E. 宏碁　　　F. 索尼　　　G. 戴尔　　　H. 苹果
　　I. 神舟　　　J. 东芝
8. 当您购买笔记本式计算机时，您考虑的主要因素是什么？限选3项（　　）。
　　A. 携带方便　　　　　　　　　　B. 价钱便宜
　　C. 外观时尚、美观　　　　　　　D. 功能多、配置高
　　E. 知名品牌　　　　　　　　　　F. 质量好、实用
　　G. 售后服务好　　　　　　　　　H. 促销活动
　　I. 其他
9. 您认为宏碁笔记本式计算机在哪些方面需要提高？限选3项（　　）。
　　A. 价格　　　B. 外观　　　C. 配置　　　D. 性价比
　　E. 特色性能（如指纹识别）　　　F. 售后服务
　　G. 厂家促销活动　　　　　　　　H. 其他
10. 您对宏碁笔记本式计算机有哪些推广意见或建议？
11. 您认为宏碁笔记本式计算机在哪些方面加以改进能更好地满足您的需求？
问卷到此结束，再次感谢您的配合！

实训 2　策划技能训练——信息产品市场调查方案创作

【实训背景】

　　近年来，随着城市居民人均可支配收入的增长和家用台式计算机的普及，妨碍个人/家庭消费者接受笔记本式计算机产品的两大壁垒——价格与应用——逐渐消失。当大家都习惯了以家用台式计算机为工作、娱乐、沟通的基础平台，其需求便自然而然地上升到了一个新的台阶。这就仿佛每个家庭都配有固定电话，但人们还是愿意花费更多的钱去购买和使用手机——因为手机能够带来更多的便利。对于当代的大学生及上班族来说，对笔记本式计算机的需求越来越明显。

　　由于大学生的学校生活比较单一，在日常的搜索学习资料和课外活动中都离不开网络，这时候身边就需要准备一台计算机，相比而言笔记本式计算机更加轻巧便捷。另外，现在很多大学开设了中外合作学院，出国的学生也需要预备一台笔记本式计算机，以便学习之用。显然笔记本式计算机在大学校园有一定的市场前景。

　　华彩公司为提高其笔记本式计算机产品在大学校园内的市场占有率，评估营销环境，制定相应的营销策略，拟委托点金市场调查公司在广州大学城的大学校园内开展一次有关大学生笔记本式计算机消费现状的市场调查。

　　华彩公司要求本次调查自6月1日开始至6月20日止，共计20天，应全部完成调查任务，并及时向公司提交市场调查报告。公司还要求点金市场调查公司不仅要保证本次调查的建议具有一定的建设性与可操作性，而且要求市场调查的经费应控制在12 000元以内。

　　试根据华彩公司拟开展大学生笔记本式计算机消费现状调查的背景与调查工作要求，为

该公司设计一份大学生笔记本计算机消费现状的市场调查方案。

【实训要求】

（1）能认识并实现组织分工与团队合作。

（2）能撰写出符合格式要求的信息产品市场调查方案。

（3）能整理总结出信息产品市场调查方案策划课题分析报告。

（4）能清晰地口头表达出信息产品市场调查方案策划实训心得。

【实训指导】

（1）组建实训课题小组：将学生按每组 6~8 人的标准划分成若干课题小组，每个小组指定或推选出一名小组长。

（2）确定实训小组课题：每个小组根据信息产品市场调查方案策划背景资料的要求，完成一份信息产品市场调查方案的策划。

（3）实施策划课题研究：各小组长根据信息产品市场调查方案策划的计划，调配资源，明确各组员的任务，并督促大家有效地完成任务，包括信息产品市场调查方案的草拟、修改和定稿，信息产品市场调查方案策划课题分析报告的撰写、打印，以及小组发言等。

（4）撰写实训课题报告：每个小组完成一份信息产品市场调查方案策划的课题分析报告。

（5）陈述策划实训心得：由各小组推荐的发言人或小组长代表本小组陈述实训课题分析报告和实训心得。

知识训练

一、判断题

1. 信息产品具有较高的技术含量，因此其维修和保养较一般产品简单。　（　　）

2. 企业只能先开发一个较成熟的细分市场，同时影响另一个细分市场，然后再开发一个市场，如此渐进而行，使企业的产品和市场共同得到发展，这就是信息产品营销新模式——"保龄球营销策划模式"。　（　　）

3. 信息产品因其所凝结的知识价值、服务价值、文化价值等无形价值远远低于其物质实体本身的价值，所以其附加价值比较低。　（　　）

4. 信息产品保龄球营销策划模式的一个突出特点就是通过用户的口碑传播和示范效应来扩大市场。　（　　）

5. 对于信息产品企业而言，如果不能领先于竞争对手推出更新的产品，或者紧跟竞争对手所开发的新产品推出改进型的新产品，则企业的生存能力就会面临着极大的挑战。
　（　　）

二、选择题

1. 信息产品企业必须教育消费者认识和了解产品，以创造性营销理念为指导，尽可能刺激和创造产品的初始需求，唤醒和开发消费者的需求，创造市场和引导市场。这表明信息产品市场具有（　　）的特征。

　　A．市场周期性　　　B．市场创新性　　　C．市场竞争性　　　D．市场引导性

2. 信息产品营销中，要求营销人员不仅要具备营销人员的素质和能力，而且要具备丰富的专业知识，通晓产品的性能、用途、使用方法和相对于竞争对手产品的优势，并掌握现代信息手段。这表明信息产品营销是一种（　　）。

  A. 技术营销　　　　B. 知识营销　　　　C. 战略营销　　　　D. 品牌营销

3. 依据产品形式的不同，信息产品可分为（　　）。

  A. 硬件产品　　　　B. 软件产品　　　　C. 服务产品　　　　D. 多媒体技术产品

4. 在信息产品市场推进的过程中，信息产品的需求依赖于相关配套产品和技术的支持。这表明信息产品市场具有（　　）的特征。

  A. 市场联动性　　　B. 市场风险性　　　C. 市场全球化　　　D. 市场微型化

5. 信息技术企业把竞争对手的行为作为自己营销策划的主要参照系，制定出一套动态的针对竞争对手的营销策略。这体现了信息产品营销策划的（　　）。

  A. 利益导向　　　　B. 品牌导向　　　　C. 竞争导向　　　　D. 创新导向

三、案例题

1. 联想公司营销导向的案例分析

  联想公司通过在模仿中吸收学习，成长为中国最大的计算机企业集团。在20世纪80年代初创时，联想决定先做外国名牌微机产品的代理商，在代理过程中联想充分了解了当时的微机技术状况，积累了相关技术产品的销售经验和资金。1990年联想开始亮出自己的联想286微机，并依靠自己逐步积累起来的相对雄厚的资金实力和技术力量，紧紧跟踪世界先进技术的发展。1991年，世界上微机486芯片问世后半年，中国第一台486微机在联想问世；1993年在奔腾芯片问世3个月后，联想就推出了中国第一台奔腾（586）微机；而中国第一台基于奔腾Pro处理器的奔腾微机（686）于1995年11月2日在联想诞生时，与英特尔公司在美国的发布只差一天，这表明联想在微机技术上逐渐达到国际一流水平。联想在技术的进步中不断成长起来，企业也不断发展壮大，从1984年创建时的20万元资金，到2008年的167.8亿美元的年销售额，成为"财富全球500强"企业之一。

分析：

（1）该案例体现了信息产品营销策划中哪方面的营销导向思想？

（2）为什么信息产品营销策划中需要考虑这方面的营销导向思想？

2. Oracle公司研讨会模式宣传的案例分析

  Oracle（甲骨文）公司是美国软件业的领先者，它将研讨会这种宣传模式标准化了，每年都会为其7.5万个已有的或潜在的客户组织600次以上的研讨会。在研讨会上，企业可以向客户详细、彻底地介绍每一项新技术，客户可以在使用之前就熟悉这种技术。

分析：

（1）该案例体现了信息产品营销策划的什么特点？

（2）该营销策划特点具体表现了哪些内容？

参 考 文 献

[1] 王学东. 营销策划方法与实务[M]. 北京：清华大学出版社，2010.
[2] 罗绍明. 市场营销基础[M]. 北京：科学出版社，2010.
[3] 罗绍明. 市场营销实训[M]. 北京：机械工业出版社，2009.
[4] 孟韬，毕克贵. 营销策划方法、技巧与文案[M]. 2版. 北京：机械工业出版社，2012.
[5] 单凤儒. 管理学基础[M]. 2版. 北京：高等教育出版社，2004.
[6] 陈为民，温平则. 服饰营销学[M]. 北京：中国轻工业出版社，2010.
[7] 王云. 服饰店业绩倍增术[M]. 北京：中国纺织出版社，2011.
[8] 王鸿霖. 服装市场营销[M]. 北京：北京理工大学出版社，2010.
[9] 周伟. 电子电器产品市场与营销[M]. 4版. 北京：电子工业出版社，2012.
[10] 韩广兴. 电子产品营销（家电篇）[M]. 北京：电子工业出版社，2003.
[11] 刘徽. 医药市场营销技术[M]. 上海：第二军医大学出版社，2012.
[12] 周帆. 医药保健品营销方案与公文实战范本[M]. 广州：广东人民出版社，2010.
[13] 张登本. 医药营销[M]. 西安：西安交通大学出版社，2011.
[14] 周光理. 医药市场营销案例与实训[M]. 北京：化学工业出版社，2012.
[15] 韩国波，黄万新. 房地产市场营销[M]. 北京：电子工业出版社，2011.
[16] 刘薇，等. 房地产营销策划[M]. 北京：化学工业出版社，2012.
[17] 李英，周宇. 房地产市场营销[M]. 北京：清华大学出版社，2010.
[18] 李雪妍，张远索. 房地产营销策划[M]. 北京：学苑出版社，2012.